Aux origines de la Bible

Dans la même collection :

Le Coran et la Bible
Jésus, compléments d'enquête

Aux origines de la Bible

Bayard

Responsable de la collection :
Estelle Villeneuve pour *Le Monde de la Bible*

ISBN 978.2.227.47720.9

3 et 5, rue Bayard, F-75393 Paris Cedex 08

Préface

Il en va des origines de la Bible comme de celles du monde, de la terre et de l'homme. La démarche a pour objet le mystère. Les hypothèses se succèdent, les théories cohabitent. Sans relâche aucune, de doctes et brûlants experts cherchent à repousser les bornes de l'inconnu. L'analogie est forte, fascinante même. La Bible, précisément, débute par le récit des origines du monde, de la terre et de l'homme. Elle a la structure et le port d'un double cosmique dans un corps d'écriture. On la perçoit comme la projection graphique de l'univers où évolue la terre, celle-ci nappée de l'épaisse surface d'un partenaire éclairé qui s'auto-proclame « homme ». Et de s'achever dans une fastueuse réplique ramenant le lecteur vers les fantasmes aboutis des réalités primordiales, l'Apocalypse ou Révélation. Sur l'aire littéraire de l'intervalle géant entre « l'Alpha et l'Oméga », un Testament dit nouveau succède au Testament dit ancien. Celui-ci sera compris comme reçu et finalisé dans celui-là. Voilà ce que les érudits médiévaux appelleront en latin *biblia*, « bible ». Le mot mettra du temps à s'imposer. Il est toujours là, désormais immortel comme la chose unique qu'il désigne.

Tout naturellement et avec passion, l'homme court après l'origine de ce qui conditionne et produit la vie, la transmet et plus encore l'explique. Plus naturellement encore, il recherche l'origine de ce qui dit et décrit l'origine. L'ascension vers la chose induit le chemin vers les mots. Dans l'expression primeur des valeurs infinies, il sait ou il croit voir les rayons enchanteurs d'une lumière pénétrant les arcanes originels. Effets pervers d'un auto-voyeurisme prénatal ? Ou au contraire, soif saine et féconde d'une vision d'absolu, d'une approche du principe même de la vie ? L'un et l'autre sans doute, dans un lien dialectique dont l'étonnante vertu est d'aider à vivre et plus encore à espérer. Il semble que ce soit un besoin congénital chez l'homme de remonter jusqu'à l'archéologie de son existence et, plus encore, jusqu'à l'éternité qui fonde et authentifie celle-ci. C'est ainsi qu'à la fin il invente ou découvre Dieu, ne serait-ce qu'en le niant sinon pour le nier. Aller vers l'origine, n'est-ce pas s'élancer vers la fin, vers l'au-delà, dans une foulée qu'aiguillonne l'attente et que stimule l'espoir ? Le livre de l'Apocalypse peut fort bien se décoder dans celui de la Genèse. Ainsi, la Bible est un modèle et une source, une médiation et une route. Corps et âme à la fois, elle sert de paradigme à la lecture du vivant. Et de pleuvoir alors ce lot de questions que chacun se pose, celles-là mêmes que d'avertis connaisseurs formulent pour leur donner réponse. À savoir. Où, quand et comment la Bible est-elle née ? Quels éléments ont bâti sa propre genèse, sa première écriture, ses tout premiers textes ? Qu'était-elle donc en son commencement, déjà comme embryon ? Dans quel cadre historique s'élaborèrent les bases concrètes de l'édifice littéraire qu'elle constitue ? Quelles étaient la matière et la forme de ses premières pierres ? Ici encore, comme pour le monde, la terre et l'homme, les hypothèses se succèdent, les théories coexistent. À la vérité il n'y a pas de réponse mais *des* réponses. Voilà ce que montre avec savoir, sagesse et convictions le premier groupe des contributions qui forment cet ouvrage.

À ses débuts comme ensuite, la Bible c'est du texte. Le texte, voilà une réalité singulière, adulte et autonome. La surface limitée où s'organisent des signes, y compris les blancs sémantiques ou les vides qui parlent. L'espace porteur et producteur de sens. La chose anonyme proposée à lire, à reproduire ou à copier, parfois à corriger, souvent à étudier, à commenter et si besoin à traduire. Successivement, le texte est à la fois le fruit et l'objet de la production et de la communication, de la signification et de l'interprétation. Il est lui-même une matière riche d'analogies avec le tissu vivant, mais dans la mesure où celui-ci conditionne et émet la parole. Il est en même temps parole énoncée et réserve de parole, mémoire acquise et mémoire à venir. Il mélange l'anamnèse avec la prophétie. Et il y a sa matière elle-même. Elle comprend des mots qui rassemblent des lettres, des phrases où s'articulent des mots. Le tout, dans un système aux fonctions sociales que l'on appelle « langue ». Mais le texte de la Bible est littéraire. Ce qui veut dire que l'écriture y est spécifiée, qualifiée et magnifiée. En elle, création et production, art et savoir-faire conjuguent leurs vertus et décuplent leurs effets. En poésie comme en prose, d'office elle épouse les formes ou les genres que les contemporains savent identifier et reconnaître. Or, les formes ou les genres littéraires sollicitent de la langue qu'elle soit elle-même littéraire. Dès lors, de nouvelles questions se posent. Quels modèles antiques la première écriture biblique reflète-t-elle ? Quelles formes ou genres littéraires honore-t-elle ? Quelle langue fut la sienne, avec quel alphabet et quelle graphie ? Dans quelle mesure cette langue s'est-elle trouvée enrichie, façonnée voire transformée dans son investissement littéraire ? À quelle époque et dans quel contexte cette production vit-elle le jour ? Réponses sont données, différentes elles-mêmes, dans plusieurs des études qui suivent. Elles accompagnent ou complètent les premières, sur la genèse de la Bible.

La chose biblique ne se limite pas au texte. La Bible est un livre composé de livres. Il fallut du temps, des siècles et même un millénaire pour qu'il en soit ainsi. Mais livre il y eut très vite : livre puis livres, et un jour Livre de livres. Le livre est un produit d'écriture clos et conditionné, institué et transmissible. Il est au corps humain ce que le texte est à la peau. Il se présente comme le corps du texte, d'*un* texte à la vérité. À la fois volume social et support physique de celui-ci. Comme tel, il est un objet littéraire, organique et classable, volontiers nommé et souvent signé ; une réserve d'informations et de messages, sur des colonnes dans le rouleau puis sur des pages dans le *codex*, l'ancêtre du livre moderne ; enfin, un individu dans une population accessible et répertoriée appelée « bibliothèque ». Un jour, il relèvera du marché : on vend ou on achète un livre, non du texte. Le livre, en hébreu *sépher* et en grec *biblos*, est une institution très ancienne. Dans l'Antiquité, il désignait tout document littéraire identifié comme tel, quelle qu'en fût la longueur, un récit ou une lettre par exemple. Il intervint comme facteur déterminant dans la fixation textuelle des traditions dites d'Israël : institution noble qu'il était, il les institua elles-mêmes, irréversiblement. Ce fait appartient éminemment aux origines de la Bible. C'est au moins suggéré en plusieurs endroits de cet ouvrage. Mais ici, une autre donnée survient, la relation de l'oral à l'écrit. Ce qui n'est pas simple. Jusqu'à un certain point et de quelque façon, l'acte d'écriture n'est-il pas actif dans la création orale, et celle-ci dans la création écrite ? L'une prend-elle réellement la relève de l'autre ?

Si c'est oui, à quelles conditions et selon quelles modalités ? Si c'est non, quel type de lien existe-t-il entre elles ? Le problème est réel. Il se trouve énoncé avec compétence et clarté dans l'une des contributions qui suivent.

*

Le second versant de l'ouvrage que voici désigne une autre et nouvelle origine de la Bible. Elle consiste dans la publication de la biographie ou Loi de Moïse en grec au IIIe siècle av. J.-C., dans le cadre de la politique culturelle des Ptolémées dans l'Alexandrie d'Égypte. C'était l'époque du lancement de la fameuse bibliothèque dans l'orbe mythique du Musée ou « enceinte des Muses ». Dans ladite bibliothèque, on collectait les œuvres grecques, on les classait selon des « tables » pour en qualifier certaines comme modèles littéraires et linguistiques : elles figuraient alors dans le « canon » des grands auteurs, Homère en tête, dont on réalisera des éditions critiques. Ce dynamisme culturel était une première dans l'histoire. Il peut expliquer en partie la production grecque de la Loi de Moïse. D'une façon ou d'une autre, cette dernière entrait ainsi dans la réserve littéraire de la somptueuse et rayonnante cité. Implantés en nombre dans la ville, les *Ioudaïoï* recevaient, ce faisant, les retombées politiques du pouvoir et du prestige de la majestueuse métropole, grecque sous tous ses aspects. C'était pour eux un facteur noble d'intégration, dans la culture mais aussi dans l'organisation de la cité : la *nomos* ou « loi » se présentait comme la *nomothésia*, « constitution ». Et de commencer une ère nouvelle pour ce bien littéraire aux vertus singulières. L'espace de l'Occident, qui alors était grec, s'ouvrait à lui. Très vite, le corpus hellénisé des livres de Moïse s'élargit à d'autres écrits, de la série des Prophètes entre autres.

Le fait de cette traduction fut un événement. Lui-même une première dans le monde de la culture. La langue grecque, celle de la pensée, s'imposait à cette époque comme idiome universel aux immenses territoires conquis par Alexandre. En théorie du moins, elle était intraduisible. De lexique de la traduction, il n'y avait point chez les Grecs. Il fallut l'inventer. Ce fut l'œuvre des penseurs, philosophes ou exégètes que comptait le groupe judéo-grec d'Alexandrie. Un éminent commentateur de la Loi, Philon, s'y emploiera lui-même. Ces gens n'inventèrent pas de mots nouveaux. Ils déplacèrent le sens de termes usités. Ainsi, *hermênéia*, jusqu'alors « expression », « signification » ou « interprétation », voudra dire aussi, désormais, « traduction ». En latin, l'équivalent sera *interpretatio*.

La production des *graphaï*, ou Écritures en grec, éveilla bien des vocations littéraires chez les judéo-grecs d'Alexandrie. Ces derniers écrivirent beaucoup, dans le plus grand respect de leurs traditions sacrées mais, ce qui était nouveau, en grec et à la manière des Grecs. On peut imaginer ce qu'était la bibliothèque dont disposait entre autres Philon à l'époque où vécut Jésus de Nazareth. Il y avait bien sûr la Loi de Moïse dans sa version grecque ; puis les livres prophétiques, des psaumes et d'autres écrits plus ou moins homologués comme « livres saints » ; des commentaires juifs des Écritures, allégoriques surtout et signalés comme précurseurs ou concurrents. De plus, on pouvait lire des œuvres philosophiques, des écrits poétiques voire des drames en vers d'origine judéo-grecque : leur rédaction s'étend des débuts du IIe siècle av. J.-C. à la première moitié du Ier siècle chrétien. Bien que juifs et faisant œuvre juive, les auteurs de ces écrits s'efforçaient d'adopter les procédures d'écriture et les formes littéraires des classiques grecs, jusqu'à la métrique d'Homère pour la poésie. Ce qui veut dire qu'ils avaient à leur disposition les grandes œuvres de l'Antiquité grecque, les plus anciennes comme les plus récentes. L'élite des Juifs devait accéder à la grande bibliothèque de la cité. Parallèlement, mais de façon endogamique, se constituaient sur la terre de *Iouda* d'autres bibliothèques, avec une majorité de livres en hébreu, la langue quasi sacrée de la Loi. Les restes des quelque neuf cents rouleaux retrouvés dans les onze grottes qui environnent le site de Qumrân, sont sur ce point éloquents. Il s'agit pour beaucoup d'œuvres bibliques et de textes inspirés de près ou de loin par la Loi et les Prophètes, certains d'ailleurs en araméen, la langue populaire.

L'ensemble de la riche, voire très riche littérature judéo-hellène, avec au centre la Bible grecque, fut accueillie et utilisée d'emblée par les premiers théoriciens du christianisme, auteurs des tout premiers textes, eux-mêmes exclusivement en grec. Ce qui constitua pour les chrétiens une culture *a priori*. La jeune religion en tira le vocabulaire et les formules nécessaires à l'expression de sa doctrine. Paul de Tarse, au demeurant imprégné de la culture plus ou moins instituée dont les manuscrits de la mer Morte attestent la richesse et la diversité, est ici le précoce et brillant témoin. Or, tant pour l'exposition de la doctrine que pour les rites – bain d'initiation et repas sacrificiel dès les débuts –, on se servait des Écritures comme source. On les lisait et on les interprétait en fonction de l'enseignement donné ou de l'acte posé. Avec d'autres écrits d'origine judéo-grecque, elles dotaient l'Évangile annoncé et célébré d'une ancienneté indéniable. L'interprétation était créatrice. Facteur de fixation des traditions et des leçons sur Jésus, proclamé Christ et Fils de Dieu, elle débouchait sur l'écrit. Elle aimantait tout un lot de récits et de messages venus de l'initiateur ou fondateur. Venus également des collaborateurs proches de ce dernier. Tout cela trouvait place dans le culte, s'élaborait avec plus ou moins de rapidité en chaînes de traditions que l'on transmettait d'un lieu à l'autre, puis d'une génération à l'autre. La prolifération et la migration étaient la règle. Et de la sorte, on écrivit directement des textes chrétiens. Des collections se formèrent : de lettres d'abord, puis de livres reflétant à leur façon les formes ou genres propres à la production littéraire du temps, gréco-romaine essentiellement. Pour l'instant, aucun des écrits de la veine nouvelle n'était désigné comme « Écriture ». Le premier à attester ce fait est l'évêque de Lyon Irénée, vers 180. Pour autant, dès les temps premiers, certains de ces écrits nouveaux étaient considérés comme à part des autres, eux-mêmes modèles et sources de propositions doctrinales et d'expressions liturgiques. C'est aussi vers la fin du IIe siècle que les deux sections qui composent la Bible, l'Ancien Testament et le Nouveau Testament, se trouvèrent nommées et partant instituées.

La plupart des contributions de la seconde partie de ce recueil d'études, chacune à sa façon, traitent de ces sujets. Elles nous mènent de la production littéraire des Juifs d'Alexandrie à la constitution des Écritures chrétiennes sur la base du corps hellénique des livres saints appelé « Septante ». Les lettres de Paul et l'Évangile de Jean sont honorées tout particulièrement.

André PAUL,
bibliste et historien, Paris

I

Les débats sur les origines de la rédaction biblique

D'incessants remaniements aux origines du texte biblique

Jacques Briend*

La rédaction de la Bible a connu plusieurs étapes, personne ne le conteste aujourd'hui. Mais lesquelles ? Comment s'articulent-elles ? Et quel a été le moment crucial de mise en forme de la Torah ? De la méthode dite historico-critique, élaborée à partir du début du XXe siècle, aux études littéraires ou sémiotiques, plus récentes, de nombreux outils ont permis de scruter le Livre et de proposer des hypothèses sur son élaboration. Pour Jacques Briend, grand témoin des dernières évolutions de la science biblique, chacun des livres de la Bible est le fruit de réécritures successives qui préservent pourtant certains éléments archaïques.

Le Monde de la Bible : Peut-on retrouver et dater les grandes phases de rédaction de la Bible ?

* Professeur honoraire de l'Institut catholique de Paris.

Jacques Briend : Pour beaucoup de gens, l'historicité de la Bible reste une chose acquise, allant de soi. Le récit biblique est encore souvent vu comme une chronique linéaire, rédigée au fur et à mesure des événements qui y sont racontés. Pourtant, les nombreuses découvertes de textes mésopotamiens, depuis le milieu du XIXe siècle, ont achevé de remettre en cause cette vision simple. Le moment le plus fracassant a probablement été la conférence de Georges Smith, en 1872, à Londres qui révélait la découverte d'une tablette cunéiforme relatant un récit du déluge antérieure au récit biblique (cf. infra, p. 57) ! Les gens découvraient que la Bible avait été influencée par d'autres cultures et que sa rédaction avait connu plusieurs phases.

À partir de cette prise de conscience, s'est élaborée ce que l'on va appeler la « méthode historico-critique ». Elle consiste à rapporter chaque texte à l'époque de sa rédaction, à « l'éplucher » pour en retrouver le noyau originel. Son expression aboutit à la « théorie documentaire » qui concerne essentiellement le Pentateuque. Celle-ci s'élabore d'abord en Allemagne, chez les protestants. En France, les exégètes vont l'utiliser après l'encyclique de Pie XII, *Divino a flante Spiritu* de 1943 qui permet aux catholiques de travailler de cette manière.

MdB : En quoi consiste exactement cette théorie documentaire ?

J. B. : Pour résumer, je dirai qu'à cette époque, les chercheurs distinguent dans le Pentateuque quatre « documents primitifs » sous-jacents, qui auraient été fondus à différents moments de l'histoire biblique, pour aboutir finalement au texte que nous connaissons : Le document yahviste serait un récit narratif élaboré au Xe ou IXe siècle au royaume de Juda, qui emploie dès le récit de la Création, le nom de Yahvé ; le document élohiste viendrait de l'Israël du Nord, où Dieu est nommé Elohim. Ces deux sources auraient, à un moment donné, sans doute à la fin du VIIIe siècle, été réunies. Le fond du Pentateuque y aurait été adjoint au VIIe siècle. Puis, après l'Exil, un document sacerdotal – issu du milieu des prêtres –, contenant surtout des lois, aurait été ajouté à l'ensemble.

MdB : Qu'en est-il aujourd'hui de cette théorie ?

J. B. : Elle a énormément évolué. À partir de 1970, des doutes ont été soulevés sur la réalité de la source élohiste et la difficulté de la distinguer du document yahviste, lui-même très délicat à repérer. Désormais, en ce qui concerne le Pentateuque, les spécialistes ne voient plus que deux documents reconnaissables : le deutéronomiste et le sacerdotal. Quant à retrouver les textes qui les ont précédés, cela relève peut-être d'une chimère…

Cette analyse est centrée sur le Pentateuque parce que ce sont ces textes qui posent la question de l'époque d'une première rédaction et donc des réécritures postérieures. Comment et quand s'est fixée la Torah juive qui était déjà considérée comme un tout à l'époque de Jésus ? Cette fixation s'est faite au retour d'Exil, sous forme d'un ensemble non seulement de lois mais aussi de récits, auquel se référer.

Les textes législatifs du Pentateuque (dans Lévitique, Nombres et Deutéronome) sont parmi les plus étudiés car il existe une logique chronologique dans l'élaboration des lois. Il est ainsi possible de retrouver le « cœur » ancien de la législation en remontant le fil de son évolution. Il faut garder à l'esprit que les scribes ajoutent du texte pour actualiser un propos, mais n'en suppriment jamais. Cette attitude nous paraît déconcertante, à nous modernes.

Les Livres prophétiques et les Écrits sont plus récents et mieux datés, même si, grâce à la méthode historico-critique, nous avons découvert, dès le XIXe siècle, dans le livre d'Esaïe (vers 740-700 av. J.-C.), la main d'un « deutéro-Esaïe » (vers 550) et même d'un troisième « Esaïe » (au IVe siècle av. J.-C.). De même, tout le livre d'Ezéchiel ne peut remonter à l'époque où vivait ce prophète (vers –592-571). Mais il y a moins de problèmes et il est plus facile de retracer l'évolution de ces livres.

MdB : N'y a-t-il pas eu de contestations ?

J. B. : Si, bien sûr. À partir des années 1960, certains spécialistes estiment qu'à force de rechercher le texte originel caché, on en oublie les informations données par le texte actuel. Se développent alors plusieurs types d'analyses littéraires qui scrutent la Bible autrement que par l'histoire du texte. Ainsi, l'analyse rhétorique suit le modèle établi pour les textes grecs ou latins – bien que le texte biblique, de langue sémitique, obéisse à une logique différente. Puis, d'autres exégètes s'attachent plus attentivement aux procédés de narration, aux récits, à leur forme littéraire. C'est ce que l'on nomme l'analyse narrative. Enfin, la sémiotique permet aux linguistes d'étudier la complexité de « l'arrière-texte ».

MdB : Que pensez-vous de la thèse qu'Israël Finkelstein reprend dans son livre *La Bible dévoilée* (Bayard, 2003) et qui fait remonter l'essentiel de l'écriture de la Bible à l'époque du roi Josias (639-609 avant J.-C.) ?

J. B. : C'est accorder un trop grand rôle à Josias. Si ce dernier redécouvre la Loi, ainsi qu'il est dit dans la Bible (2 R 21,2-16), c'est qu'elle préexistait ! La thèse la plus courante consiste à dire qu'il y a eu, probablement à l'époque de son arrière-grand-père, Ezéchias, une première mise par écrit d'un corpus de lois. Josias reprend ce corpus à son propre compte. Dans le récit biblique de la redécouverte du rouleau du Temple, les prêtres apportent le document au roi et lui en font la lecture : ils ont besoin de l'autorité royale, ce qui confirme l'authenticité du récit qui ne peut se passer qu'avant l'Exil à Babylone en 597, quand la monarchie dirige encore Juda.

MdB : Vous ne croyez donc pas non plus, comme d'autres chercheurs, que tout a été rédigé après l'Exil ?

J. B. : Non, car si l'on plaide pour une rédaction entièrement post-exilique, alors le judaïsme ancien devient incompréhensible ! Si les Israélites étaient partis « sans bagages » en exil, ils se seraient assimilés aux Babyloniens et aucun d'entre eux ne serait rentré, cinquante ans plus tard. Or, comme tous les immigrés, ils vont certes emprunter à la culture du vainqueur, mais ils vont aussi, en exil, adapter leur religion à ces conditions nouvelles.

Il est vrai cependant qu'au retour de l'Exil beaucoup de choses changent : le temple est remis en service, mais avec de nouveaux rituels. Le rôle des prêtres grandit et la royauté disparaît en tant que telle. Bien entendu, le Pentateuque est revu par ces prêtres et prend sa forme actuelle, probablement dans les années 450-400 seulement.

MdB : L'expérience de l'Exil aurait donc bouleversé un ensemble de textes qui préexistaient ?

J. B. : Des textes et des pratiques. Prenez, par exemple, le livre du Lévitique qui décrit le rituel des sacrifices (Lv 1 à 7) :

il s'agit d'un texte très construit, très organisé qui hiérarchise les sacrifices. Il a forcément été rédigé par des prêtres après l'Exil. Cependant, la pratique des sacrifices existait incontestablement avant l'Exil ! Mais y avait-t-il dès l'époque royale un texte primitif ? Cette pratique était-elle vraiment codifiée par écrit ? Difficile à évaluer. Il n'est pas sûr que les traces de pratiques ancestrales que l'on repère dans ce texte soient les indices d'une version écrite plus ancienne.

Il faut surtout admettre que dans chacun des livres de la Bible coexistent des éléments très anciens et d'autres beaucoup plus récents : par exemple l'origine de la fête de Pâque est certainement très ancienne. C'est une fête de printemps sur le modèle de celles célébrées dans les tribus de pasteurs, alors que les autres fêtes juives – Chavouot, fête des moissons et Soukkot, fête de la rentrée de la récolte – sont des fêtes agricoles sans doute d'origine cananéenne. Pourtant, Pâque apparaît renforcée dans le calendrier du Lévitique (Lv 23,5) et du livre des Nombres (Nb 28,16-17), après l'Exil. Ce rituel ancestral célébré avec simplicité en famille a vraisemblablement été réactivé pendant l'Exil, alors que les exilés ne pouvaient présenter de sacrifices puisque le Temple était détruit… Il a ensuite été codifié lors du retour à Jérusalem.

MdB : Il y aurait donc tout de même des informations historiques à tirer de la Bible pour la période royale ?

J. B. : J'avertis toujours que s'il y a des éléments historiques indéniables dans les récits du Pentateuque, tout ne peut pas être pris au pied de la lettre : la prise de Jéricho par Josué n'est pas un récit historique de bataille ! C'est un texte de liturgie guerrière, ce qui est très différent.

Les gestes de Saül ou de David contiennent des « souvenirs », c'est certain. Par exemple, les récits d'alliance avec des peuples qui n'auront plus d'influence par la suite, ne s'expliquent que dans un contexte historique précis. Ces souvenirs ont été conservés tels quels et il n'y avait aucune raison pour les scribes d'après l'Exil de les modifier. Autre exemple, pourquoi dans un contexte où il n'y a plus de roi, les Juifs de retour de Babylone auraient-ils pris la peine de glorifier la royauté ? L'onction dont bénéficie le grand-prêtre après l'Exil n'a pas été inventée pour lui : c'est l'onction royale qui lui est transférée. Il y a donc bien une tradition qui s'est transmise par-delà l'Exil ! Notre gros problème est que nous ne savons pas par quels processus, les archives, les chroniques, les légendes, les vers appris par cœur, ont pu être conservés et réinterprétés pendant et après l'Exil.

MdB : La Bible n'a donc pas simplement « copié » ni « plaqué » un emprunt sur un autre ?

J. B. : Bien sûr que non ! Prenons l'exemple des premiers chapitres de la Genèse. Il y a certes deux textes. Mais leur point de vue n'est pas le même, ils ne disent pas la même chose et n'utilisent pas les mêmes moyens. Le plus récent (Genèse 1) donne une vision cosmique de la Création qui progresse systématiquement jusqu'à l'homme. Le plus archaïque (Genèse 2) situe la Création au contraire dans un monde agricole presque paradisiaque où l'homme et la femme sont modelés dans la glaise. Les deux textes d'ailleurs, à un niveau différent, témoignent d'une influence mésopotamienne. Mais le rédacteur du plus récent connaît parfaitement le texte plus ancien et cherche à le compléter. Il fait donc preuve d'une volonté certaine de composition littéraire.

Et de créativité : la Genèse est le seul récit de création du monde oriental où la première création est la lumière. La tradition mésopotamienne se met là au service d'une autre tradition.

Propos recueillis par Sophie Laurant

La thèse d'une écriture à l'époque royale

William M. Schniedewind*

Nos connaissances archéologiques et historiques montrent que la société des royaumes de Juda et d'Israël s'est alphabétisée à partir du VIIIe siècle avant J.-C. et que le recours à l'écrit s'y est alors répandu. Cette « textualisation » explique que la plupart des livres de la Bible aient été rédigés avant l'Exil. Une seconde grande période de mise en forme des textes s'est toutefois ouverte plus tard, à partir du IIIe siècle avant J.-C., sous la domination grecque.

L'Israël primitif, selon les experts, était une société orale composée de bergers et de paysans assurant tout juste leur subsistance. Alors comment et pourquoi une telle communauté pastorale et agraire en est-elle venue à transcrire la parole et à conférer une autorité à cet écrit ? Comment et pourquoi l'écriture s'est-elle répandue en dehors des cercles fermés constitués par les scribes royaux et sacerdotaux et a-t-elle pu

* Professeur d'études bibliques à l'Université de Californie.

atteindre les profanes ? C'est cette dissémination de l'écriture hébraïque à travers la Palestine ancienne qui a démocratisé la parole écrite et lui a permis d'acquérir une autorité religieuse dans le livre que nous appelons aujourd'hui « la Bible ». Quand la Bible est devenue un livre, le mot écrit a supplanté la parole vivante de celui qui enseigne. La société israélite ancienne a été textualisée. Cette textualisation a marqué l'un des grands tournants de l'histoire de l'humanité, à savoir ce passage d'une culture orale à celle de l'écrit.

Nous avons tendance à lire la Bible de notre point de vue, à la penser comme si elle était issue d'un monde habité par les textes, les livres et les auteurs. Mais la Bible a été écrite avant que n'apparaissent les livres. Le grand spécialiste français qu'est Henry-Jean Martin a expliqué dans son ouvrage *Histoire et pouvoirs de l'écrit* (1988) combien le rôle de l'écriture dans la société avait évolué au cours de l'histoire. Pourtant, les analyses modernes de la littérature biblique dépendent souvent du regard que la société porte sur elle. Utilisant les avancées les plus récentes dans le domaine de l'archéologie de la Palestine et m'appuyant sur les idées-forces de l'anthropologie linguistique, je suis parvenu à des conclusions très différentes sur les raisons qui ont poussé à la transcription de la Bible et sur l'époque à laquelle cela a commencé à se produire.

Dans la Palestine ancienne, la maîtrise technique de copie de manuscrits était peu répandue et coûteuse. Elle était contrôlée par le gouvernement et manipulée par les prêtres. L'écriture était un don des dieux. Elle n'était pas utilisée pour canoniser la pratique religieuse, mais plutôt pour inspirer la crainte. Elle était puissante, relevait du surnaturel. C'était la chasse gardée des élites politiques et religieuses. Grâce à ses pouvoirs magiques, elle jouait un rôle particulier dans le rituel religieux (cf. Nb 5) et dans les mythes (cf. Ex 32,32). Nous savons, grâce aux inscriptions anciennes, que l'écriture n'était pas spécialement liée à l'existence d'états très développés comme c'est le cas pour l'Égypte ancienne ou la Mésopotamie. Par exemple, les petites cités-états de Canaan, à la fin du second millénaire av. J.-C., avaient chacune leur propre scribe. À Tell el-Amarna, en Égypte, on a découvert la trace de la correspondance échangée, au cours du XIVe siècle av. J.-C., entre ces entités marginales et les grands pharaons du Nouvel Empire. Pendant l'été 2005, un abécédaire proto-hébraïque (c'est-à-dire un alphabet transcrit) datant du Xe siècle av. J.-C., a été mis au jour à Tel Zayit en Israël. Un autre abécédaire du XIe siècle avait été découvert par Israël Finkelstein lors de fouilles qu'il dirigeait sur le site d'un village ancien connu aujourd'hui sous le nom de Izbet Sartah. De même, le célèbre calendrier de Gézer a probablement été rédigé sur un bloc de calcaire tendre de sorte que le texte pouvait être gratté et servir lors de rites à caractère surnaturel. L'utilisation de ce type d'inscriptions lors de cérémonies religieuses montre combien l'on croyait au pouvoir magique de l'écriture. D'autres comme cette inscription royale du début du IXe siècle, provenant du petit royaume de Moab (dans l'actuelle Jordanie), ou celle de Tell Dan, étaient en fait destinées à être exhibées. Elles étaient placées sur ordre des rois et des chefs en des lieux surélevés, non pas pour être lues mais pour être vues. Un futur roi prouvait sa puissance par sa façon de contrôler et de manipuler l'écriture. Mais au final, celle-ci s'affranchira de ces usages restrictifs.

L'invention de l'alphabet

L'invention de l'alphabet fut un moment clé de l'histoire de l'écriture mais ne suffit pas à lui faire franchir les murs des palais et des temples. D'après les découvertes récentes faites à Wadi el-Hol en Égypte, le premier alphabet daterait d'environ 2000 av. J.-C. C'est apparemment l'urbanisation et la globalisation de la société qui lui permit de ne plus être l'apanage des seules élites religieuses et lettrées et d'être utilisé par les soldats, les marchands et même le commun des travailleurs. Cette globalisation a débuté avec la montée en puissance de l'Empire assyrien, au VIIIe siècle av. J.-C., qui encouragea l'urbanisation, celle-ci lui permettant de mener à bien son plan d'exploitation économique d'un territoire en pleine expansion.

Je pense que la période de composition des textes bibliques s'est étalée entre le VIIIe et le VIe siècle av. J.-C. Selon les sources archéologiques, les conditions sociales et politiques permettant la propagation de l'écriture dans l'ancien Israël sont réunies dès la fin du VIIIe siècle, et persistent jusqu'à la fin de la monarchie. C'est ce que notent également Niel Silberman et Israël Finkelstein dans leur livre *La Bible dévoilée* (Bayard, 2003). Ils restreignent cependant cette période d'épanouissement littéraire au règne de Josias et se rallient à la vision conventionnelle qui situe la production littéraire aux périodes perse et hellénistique (bien que l'archéologie prouve le contraire). L'essor de la production littéraire dans l'ancien Israël date au moins du règne d'Ézéchias (715-687 av. J.-C.). L'expansion de l'Empire assyrien s'accompagne, au VIIIe siècle, d'une urbanisation de la Palestine ancienne. L'écriture devient alors un élément crucial de cette économie de plus en plus complexe et globalisée. Son rôle s'accroît au fur et à mesure que se développe la bureaucratie urbaine à Jérusalem. L'écriture devient également un outil idéologique chargé de montrer le pouvoir et l'importance du roi. À la fin du VIIIe siècle, en Mésopotamie comme en Égypte, les souverains collectionnent les livres anciens. Le pharaon Shabaka (716-702 av. J.-C.) retrouve des « livres du Temple » et Sennachérib (705-681 av. J.-C.) crée la grande bibliothèque cunéiforme assyrienne de Ninive. De même, l'écriture est étroitement liée à l'urbanisation de l'État judéen à la fin du VIIIe siècle. Certaines sources archéologiques et autres inscriptions laissent entendre que l'écriture s'est répandue dans toutes les couches de la société judéenne aux alentours du VIIe siècle av. J.-C. Cela révolutionna son rôle au sein de la société. Et les réformes entreprises par le roi Josias à la fin du VIIe siècle sont le reflet de ce bouleversement. L'écriture devient alors un outil à l'usage des réformateurs religieux qui, les premiers, proclamèrent l'autorité de la parole écrite. Cette nouvelle fonction est tout à fait manifeste dans le Deutéronome et dans toute l'histoire deutéronomiste et atteint son point culminant dans les réformes religieuses du roi Josias, réformes fondées sur la découverte de la parole écrite et les prescriptions qu'elle induit (2 R 22-23). Il est certain que cette modification du rôle de l'écriture a empiété sur le terrain de groupes qui avaient tout intérêt à préserver l'autorité de la tradition orale ou de la parole prophétique (cf. Jr 8,7-9).

La mise en textes du judaïsme ancien a supposé un déplacement de l'oralité vers l'alphabétisation. Parallèlement, le fait d'accroître la rédaction de la culture a engendré une tension entre la tradition orale et les textes écrits. La montée en puissance des textes faisant autorité dans la monarchie judéenne récente a été accompagnée d'une critique de la parole écrite par ceux qui avaient avantage à protéger l'autorité de celui qui enseigne, de la communauté et de la tradition orale. Cette tension entre l'oral et l'écrit, l'enseignant et le texte, va se poursuivre et s'accroître tout au long de la période du second Temple et au cours de la période formative du judaïsme et du christianisme. Le langage même de l'écriture s'est modifié au fur et à mesure que la société s'est familiarisée avec l'écrit. Il est révélateur, par exemple, que le mot hébreu *torah*, qui à l'origine signifiait enseignement, instruction, ait progressivement fait référence a un texte écrit, « la Torah de Moïse » dans la période du second Temple.

Bien que la composition de la Bible se soit poursuivie pendant la période exilique, cette époque fut peu propice à l'épanouissement de la littérature. L'Exil babylonien priva la terre d'Israël d'une vaste partie de ses habitants, jusqu'à 80 % selon les études archéologiques. Il faudra attendre la période hellénistique pour que la région retrouve un taux normal d'occupation, celle-ci étant, à l'époque, principalement rurale. À Babylone, la situation des exilés – à l'exception de la famille royale – n'était pas beaucoup plus brillante. On a peine à croire que les juifs travaillant sur les chantiers du canal de Babylone aient pu écrire ou accorder de l'importance à la littérature. L'entourage du roi de Jérusalem, Yoiakîn, avait été amené à Babylone où il vivait, apparemment, dans un palais du sud de la ville et était généreusement pourvu par les rois de Babylone. La famille royale continua de revendiquer le trône de Jérusalem (contre Sédécias). Elle avait accès, semble-t-il, à des livres de la bibliothèque royale et de celle du Temple, et elle écrivait et publiait des textes qui faisaient avancer ses revendications et confirmaient sa position. L'influence de la dynastie se fit sentir jusqu'à la fin du VIe siècle av. J.-C. (cf. Zacharie, Aggée, Esdras 1-6), mais son rôle dans la formation biblique se serait achevé avec Zorobabel vers la fin du VIe siècle. La Palestine, et surtout la région des collines autour de Jérusalem, continua de se dépeupler et de s'appauvrir aux Ve et IVe siècles av. J.-C. Ce fut une période sombre pour Jérusalem et la province perse de Yehoud. Autrefois, les spécialistes ne savaient pratiquement rien de cette période. Puis l'archéologie a petit à petit comblé ce vide, brossant un triste tableau de cette région, et laissant peu de doute quant à sa capacité de développer une littérature florissante.

Des auteurs araméens

L'apprentissage de la langue et de l'écriture pose également un problème par rapport à la théorie affirmant que la majeure partie de la Bible aurait été composée au cours de la période perse. La langue est d'une importance capitale pour l'identité culturelle et ethnique ; pourtant, les juifs ont remplacé l'hébreu par l'araméen au cours de cette période. Ils ont d'ailleurs privilégié cette langue aux époques perse, hellénistique et romaine en commençant par en adopter l'alphabet. En effet, cet alphabet que l'on qualifie aujourd'hui d'« hébraïque » est en réalité « araméen » et a été utilisé au cours de la période du second Temple. Il y eut bien des tentatives nationalistes pour rétablir l'usage de l'alphabet « hébraïque », surtout pendant les révoltes des Maccabées et de Bar Kokhba, mais l'araméen finalement l'emporta. D'ailleurs, si des centaines d'inscriptions araméennes en provenance de Palestine et datant de l'époque perse ont été retrouvées, pratiquement aucune n'a été découverte en hébreu. Les prêtres juifs comme Esdras et les fonctionnaires tels que Néhémie auraient été formés dans les écoles perses, et donc en araméen. De sorte qu'il n'est guère surprenant que les quelques livres de la Bible qui auraient été écrits au cours de la période perse (Esdras, Néhémie, Chroniques) reflètent la formation araméenne de leurs auteurs. Peu d'infrastructures permettaient d'apprendre l'hébreu, bien que l'éducation dispensée en araméen ait pu aider à conserver et même à éditer les textes hébreux classiques. En effet, une grande partie de la littérature biblique était bien antérieure à cette sombre période. Les prêtres prirent la tête de la communauté juive au cours de la période perse et s'attachèrent à préserver et à éditer les textes bibliques, textes dont les élites intellectuelles se serviront comme d'un outil pour légitimer et justifier leur autorité politique et religieuse (cf. Ne 8).

La période hellénistique, elle, annonce le repeuplement et le retour à la prospérité de la Palestine. La fin de l'Empire perse et l'essor de l'hellénisme encouragèrent la renaissance des écoles juives et de l'hébreu. Des livres comme Esther, Daniel et peut-être l'Ecclésiaste sont probablement de composition hellénistique. D'autres écrits juifs tels que le Livre d'Hénoch furent écrits en araméen. Ce n'est pas un hasard si les plus anciens manuscrits bibliques de la mer Morte datent de cette période. Des écoles juives comme celle très connue de Ben Sira furent créées à Jérusalem. Les textes sacrés juifs commencèrent à être traduits en grec. Sous l'influence de l'hellénisme, le judaïsme commença à s'intéresser aux auteurs des Écritures. Les œuvres classiques de l'Ancien Testament n'ont pas d'auteurs mais des personnages. Sous l'influence de l'hellénisme, la tradition juive commença naturellement à ressentir la nécessité de retrouver des auteurs pour ses textes.

Cette tension entre l'autorité de la tradition orale et la parole écrite dura tout au long de la période du second Temple au sein des différents groupes juifs. La gestion de la bibliothèque du Temple et des textes sacrés était réservée à l'aristocratie sacerdotale dont l'autorité était redoutée par les tenants de la tradition orale. En revanche, pour d'autres groupes comme celui des Pharisiens, où les prêtres étaient minoritaires, la tradition orale et celui qui l'enseignait continuaient de faire autorité. Il est frappant, à ce sujet, que la lignée de tradition orale exposée dans la *Michna Avot* ne comprenne aucun prêtre. Le christianisme primitif et le judaïsme rabbinique, issus des classes non cléricales, luttèrent tous deux contre cette tension entre le texte sacré et l'autorité de la tradition orale dans la période qui suivit la destruction du Temple. Bien que reconnaissant l'autorité des Écritures, ils défendaient également celle de la tradition orale et la parole vivante de celui qui enseigne. Le christianisme, néanmoins, adopta assez vite le manuscrit. Cela permit vraisemblablement aux Écritures de faire rapidement autorité dans l'Église primitive. Le judaïsme, lui, mit du temps à l'adopter et, aujourd'hui encore, c'est un rouleau de la Torah que l'on trouve dans l'arche des synagogues. En fin de compte, le judaïsme pourrait lui aussi parer sa tradition orale d'un texte écrit. Pourtant, une forte idéologie de l'oralité continuerait de perdurer dans le judaïsme rabbinique même si la Torah orale et les tablettes écrites ont été réunies en une seule Torah préexistante qui était avec Dieu au moment même de la création du monde.

Les premiers repères historiques

Pierre Gibert*

L'histoire d'Israël pose aux chercheurs une double question : d'une part, quelle est la valeur historique des faits, événements et personnages présentés en continu dans la Bible, de la Genèse au Deuxième livre des Rois, c'est-à-dire des origines de l'univers (Gn 1,1ss) à la libération, autour de 555 avant notre ère, du roi Joiakin au cours de son exil à Babylone (2 R 25,27-30) ; d'autre part, à quel moment cette histoire a-t-elle commencé d'être écrite, étant entendu qu'une histoire ne se rédige jamais en commençant par le commencement qu'elle se donne ? Autrement dit, si toute histoire d'un peuple suppose une existence et une conscience suffisantes de lui-même pour qu'il puisse raconter ses origines et dresser un tableau d'ensemble de sa généalogie, de quel moment le commencement de l'écriture de l'histoire d'Israël peut-il être daté ?

La datation du commencement de l'écriture de l'histoire d'Israël relève de deux ordres de raisons : les unes appartiennent à l'état des connaissances et de la critique historique, qui

* Exégète, directeur des *Recherches de Science religieuse*.

fonde souvent un certain soupçon sur la véracité ou la vraisemblance des faits rapportés ; les autres, celles concernant le commencement de l'écriture d'une histoire, relèvent d'une méthodologie universelle. Dans le premier cas, les raisons sont typiques de la culture moderne qui, depuis deux ou trois siècles, a effectivement mis en doute les qualités historiques de l'ensemble biblique ; tandis que dans le second cas, il s'agit d'une question qui s'est toujours posée à l'humanité dès lors qu'elle écrit de l'histoire. Elle vaut donc aussi bien pour les rédacteurs bibliques que pour nous aujourd'hui.

Critique historique et question de méthode

Si l'on tient que l'histoire n'est pas que de l'ordre de la mémoire, mais aussi de l'ordre de la compréhension et donc de l'explication, la question du point de départ de son écriture induit des enjeux importants qui justifient qu'on s'y intéresse. Si nous pouvons laisser de côté l'« histoire des origines », c'est-à-dire les onze premiers chapitres de la Genèse qui ne concernent pas exclusivement Israël, deux moments paraissent s'imposer comme fondamentaux, qui ont chacun une certaine épaisseur dans le temps comme dans l'espace : le temps des Patriarches (Gn 12-50) et les événements du Sinaï (Ex 19 ss) avec ce qui les a immédiatement précédés et suivis. Ces deux moments, quelle que soit leur richesse informative respective, supposent, pour être déployés et apparaître dans leur pertinence fondatrice, cette expérience et cette conscience suffisantes d'Israël à un moment nécessairement postérieur de son histoire. C'est ce moment qui permet et exige qu'on puisse rapporter des temps établis comme originels, fondateurs, et du même coup garants de la légitimité de son existence. Ces temps originels et fondateurs doivent, en effet, permettre à

Israël de répondre à des questions du genre : d'où viens-tu et quels sont tes ancêtres ? qu'est-ce qui a été établi, aux origines, qui te permette aujourd'hui de vivre dans l'unité d'une nation ? et donc quelles sont tes lois ?

Une démarche semble alors s'imposer : aller directement au moment le plus ultime de conscience et de connaissance de soi d'Israël qui offrira les meilleures garanties d'une histoire, de son écriture, de sa fonction explicative en même temps que de la plus riche mémoire.

La recherche de la première historiographie

Depuis quelques décennies, une sorte de consensus semble se créer autour du retour de l'Exil, soit après 530, autrement dit, à l'époque de la domination perse aux Ve-IVe siècles, puis à celle de l'influence hellénistique à partir du IIIe siècle surtout. De fait il est incontestable qu'Israël dispose alors de documents et de livres déjà importants et significatifs, qui permettent un certain comparatisme avec les cultures étrangères avoisinantes dont il n'est pas exclu qu'il ait pu leur emprunter (cosmogonies, corpus législatifs, corpus historiques…) tout en maintenant sa propre originalité.

Ces époques tardives présentent incontestablement des garanties à la fois de vraisemblance et d'objectivité. Même si on pense que cet effort d'information et de synthèse a pu se poursuivre jusqu'à la veille de l'ère chrétienne, nombre d'indices dans le texte biblique jouent en faveur de ces moments qui furent historiquement, théologiquement et littérairement importants pour Israël et qui culminent, pour ainsi dire, dans l'historiographie dite deutéronomiste.

S'en tenir là risque aussi d'apparaître comme trop facile et dans une certaine mesure illusoire, en supposant en particulier qu'à part quelques bribes concédées, rien ne pourrait être perçu des siècles précédents. Au risque d'émettre un truisme, il faut pourtant rappeler qu'il n'est de synthèses et donc de conscience et de connaissance de soi qu'à partir de données suffisantes qui non seulement permettent ces synthèses et ce jeu de conscience et de connaissance de soi, mais les rendent nécessaires. En ce sens, les temps pré-exiliques ne peuvent totalement relever de la pénombre douteuse d'une « histoire » quasi exclusivement légendaire. On se heurte ici à une difficulté nouvelle : quel moment peut être satisfaisant dans une quête historique digne de ce nom ? Depuis plus d'un siècle maintenant, ont été successivement exclues l'histoire des Patriarches, trop antérieurs à l'écriture hébraïque et à la conscience d'Israël qui peut s'en réclamer, mais aussi, et pour les mêmes raisons, l'histoire de l'Exode ; ce qui ne signifie nullement que tout, dans ces histoires, relève d'un pur imaginaire à la manière d'un conte ou d'un roman !

Mais il s'agit ici de rendre compte de synthèses historiques qui induisent des capacités d'historiographie d'un Israël suffisamment avancé dans cette histoire, ce qui n'était pas le cas au temps des Patriarches ou de Moïse.

Dans l'entre-deux-guerres, en France notamment, une période a pu apparaître comme faisant transition, celle des Juges, qui est parfois présentée comme le « vrai » commencement de l'« histoire » d'Israël. Et la toponymie que recèle le livre des Juges, la désignation de sanctuaires, offrent effectivement des « commencements », épars certes, mais suffisamment importants et clairs pour satisfaire à cette exigence. En fait, les « moments » qu'impliquent ces récits sont justement trop épars pour apparaître autrement que comme des bribes de traditions, même si on peut supposer qu'ait pu être inaugurée à ce moment-là une écriture de « légendes de sanctuaire ». En outre, ces récits, pris aujourd'hui dans les ultimes synthèses, sont victimes de l'anachronisme d'une orthodoxie monothéiste plus caractéristiques de ces synthèses que des moments qu'ils sont censés rapporter.

Plus sûre et plus large à la fois semble alors s'imposer la première histoire royale, celle de Saül et surtout celle de David dans les deux livres de Samuel avec le complément important de l'histoire de Salomon (1 R 1-11). De fait, toute institution monarchique exigeant des documents (législatifs, administratifs…) et entretenant pour cela un corps de scribes, on peut penser que la monarchie de David et plus encore celle de Salomon se soit dotée de ces moyens historiographiques certains. Mais justement, la mariée ne serait-elle pas trop belle ?

Cette histoire a, pour ainsi dire, trop pris le temps de se raconter, en donnant à peu près tous les attendus qu'on est à même de souhaiter pour le surgissement d'une monarchie alors indispensable à la cohésion d'un peuple et donc à la prise de conscience de ce peuple par lui-même.

Il y a là, en effet, même si on ne doit pas exclure des traditions authentiquement historiques, un déploiement de données qui veulent en quelque sorte trop expliquer en rendant compte soit des raisons d'un échec de la monarchie, soit des raisons de sa légitimité. D'une certaine façon, dans l'art consommé du récit, le souci d'explication paraît l'emporter à un point tel qu'on soupçonne justement, derrière ce moment historique, un autre moment, celui-là même qui l'a rapporté, a voulu le rapporter et pour des raisons qui appartenaient à ses propres exigences d'explication.

Un moment banal ?

Selon ce raisonnement, ou plutôt cette suite de raisonnements, entre le trop plein d'une synthèse tardive et celui d'époques fondatrices, on en vient nécessairement à un moment intermédiaire, qui risque d'apparaître du même coup singulièrement médiocre ! Les VIIIe-VIIe siècles, dans la division même des deux royaumes, du Nord et du Sud, d'Israël et de Juda, ont l'avantage de présenter une réalité à la fois nationale, politique, culturelle et religieuse qui ne peut d'abord se targuer de moments glorieux, mais plutôt banalement quotidiens, exigeant aussi bien le fonctionnement habituel des nations que le minimum d'institutions et de traces écrites pour ce fonctionnement. Surtout, et fait unique dans l'histoire antique, surgissent alors des documents originaux, recueillis d'abord de façon très éparses, les écrits des premiers prophètes, Amos, Osée, Michée…

Quels que soient les traitements que leurs « livres » aient subi par la suite du fait de rédacteurs qui en ont fait la synthèse et surtout l'adaptation plus ou moins anachronisante, ils offrent une part de témoignage « matériel » de cette époque. Et que le drame de la chute de Samarie en 721, mettant fin au royaume du Nord, ait pu, paradoxalement, contribuer à faire prendre conscience aux scribes de ce royaume comme à ceux du royaume du Sud, de cette réalité nationale qui, dans sa précarité et sa chute, appelait explication, voire justification, tient sûrement et pour une large part à la propre réflexion de ces prophètes. En outre, cette chute traçait une marque dans le petit monde international d'alors et inscrivait à son tour Jérusalem dans ce monde qui la fragiliserait à son tour. À ce moment-là, tant au Nord qu'au Sud, l'activité scripturaire était à la fois normale et nécessaire, induisant un minimum de documents, législatifs et administratifs principalement, mais aussi religieux comme le prouvent les prophètes, et peut-être déjà historiographiques, en tout cas appelés à devenir sources d'histoire.

Il ne faut sans doute pas majorer l'importance de ces documents qui se trouvent aujourd'hui noyés dans la masse rédactionnelle de l'ensemble qui va de la Genèse aux livres des Rois et qui devaient appartenir à cette « histoire-liste » typique des annales contemporaines où les faits étaient assez sèchement et chichement rapportés ; nombre de notations des livres des Rois en trahissent le signe et l'origine. Reprises un jour dans le cadre d'une historiographie raisonnante à partir des exigences de l'explication et selon des critères théologiques inspirés des prophètes, de telles notations fonderaient cette histoire qui exigeait justement explications, développements et aussi fondations dans des origines lointaines, au Sinaï puis avec les Patriarches.

Ainsi irait l'historiographie d'Israël, comme toutes les historiographies, non point à partir d'origines reculées ni à partir de la seule imminence d'une fin pressentie, mais à partir de ces temps à la fois de stabilité et de fragilité qui permettaient les premières écritures tout en les exigeant déjà. Les VIIIe et VIIe siècles offrent, tant au Nord qu'au Sud, ces temps, même s'ils restaient loin de cette connaissance et de cette conscience de soi d'Israël qui nous valurent l'histoire que nous pouvons lire aujourd'hui.

La tradition orale existe-t-elle ?

Pierre Gibert*

Il est assez fréquent d'entendre évoquer la tradition orale à propos des écrits bibliques. Récemment encore, tel ou tel ouvrage de vulgarisation sur la Bible tenait pour acquis, sans pour autant le démontrer, que les événements racontés avaient d'abord été, pendant des générations, transmis oralement. Les historiens ont depuis longtemps mis en évidence l'impossibilité de cette thèse, qui pourtant n'en finit pas de resurgir.

La « tradition orale » est souvent évoquée afin d'expliquer pourquoi les récits de l'époque des Patriarches ou des règnes de David et Salomon ont été mis par écrit tardivement : de trois à douze siècles après les dates supposées auxquelles les événements relatés auraient eu lieu ! Plutôt que d'accepter de remettre en cause – ou au moins de nuancer – l'historicité de ces récits fondateurs, tout un courant de pensée assez moderne croit avoir trouvé une réponse simple : ces récits se seraient transmis de bouche à oreille pendant des dizaines de générations…

* Exégète, directeur des *Recherches de Science religieuse.*

Pourtant, dès le milieu du XVIIIe siècle, l'un des pères fondateurs de l'exégèse moderne, Jean Astruc, réfutait cette explication à propos des « traditions » de la Genèse : « Ceux » qui pensent que « la connaissance des faits antérieurs ait pu être transmise à Moïse… par une tradition purement orale, c'est-à-dire de bouche à bouche… ne manquent pas de profiter de la longue vie des patriarches pour faire remarquer que cette tradition orale a pu se transmettre d'Adam jusqu'à Moïse par un très petit nombre de personnes… Ils prétendent par là rendre la tradition plus facile et plus sûre, en évitant de la faire passer par un trop grand nombre de mains où elle aurait pu s'obscurcir, s'affaiblir, s'altérer. Mais le nombre de ceux par qui les faits ont pu parvenir de main en main jusqu'à Moïse, fût-il plus petit, il est difficile de se persuader que, dans une tradition plusieurs fois répétée, on ait pu se souvenir exactement de la description topographique du Paradis terrestre… de l'âge de chaque Patriarche, du temps précis où ils ont commencé d'avoir des enfants, et de celui où ils sont morts… »

Avant toute chose, cette évocation de l'oralité est étrangère à ce que l'Écriture dit justement d'elle-même. Pour Israël et pour les premières générations chrétiennes, même si l'on sait que Dieu, « à maintes reprises et sous maintes formes, a parlé aux Pères par les prophètes… » (Hé 1,1), il n'en reste pas moins que tout ce que nous « lisons » nous est exclusivement parvenu par « écrit ». Il y a d'abord à lire ce qui est écrit, fût-ce pour nous apprendre ou nous rappeler que ce fut dit. En tout cas, l'usage des termes et expressions tels que l'Écriture et les Écritures dans le Nouveau Testament, placées sous l'autorité de Moïse et des Prophètes, sont loin de donner le change : non seulement il y a effectivement et matériellement écriture, mais l'oralité n'est jamais évoquée comme moyen de conservation de ce qui fut certes d'abord dit, du moins en partie, et encore moins de ce qui fut écrit.

Sur ces questions, il est temps de tenir compte de travaux qui, depuis quelques décennies, ont permis d'éclairer la nature et les conditions des transmissions orales, que ce soit dans les cultures à oralité ou dans les cultures à écriture, et donc de se rendre compte de ce qu'impliquent les unes et les autres tant en elles-mêmes que dans leurs rapports.

Que la parole soit première, antérieure à tout apprentissage d'écriture, relève du bon sens quotidien comme de l'expérience historique. Nos chères petites têtes blondes ou brunes nous le rappellent chaque jour, même si elles doivent dès l'âge de six ans transpirer sur l'ardoise ou la feuille blanche. Mais de là à en déduire la toute-puissance de l'oralité…

Sur ce, on invoque les cultures orales, africaines ou océaniennes notamment, quand ce ne sont pas les contes et légendes de nos grands-mères tout à fait européennes. Or, là-dessus, il y a déjà plusieurs décennies qu'ethnologues et anthropologues ont produit le fruit de leurs constats. Évoquons d'abord les travaux d'Albert Bates Lord qui, dans les années 1960-1970, à partir de l'étude de bardes yougoslaves, établit un certain nombre de conditions à la transmission orale : il faut des rythmes et rimes, des stéréotypes bien définis et une répétitivité facilitant la mémorisation, une certaine longueur des séquences récitatives ou déclamatoires, toutes choses, disons-le tout de suite, qu'on ne trouve pas dans la littérature biblique, sinon de façon exceptionnelle et… brève !

Mais c'est le maître en la matière, Jack Goody qui avec sa *Raison graphique* analysa, à partir de son expérience d'ethnologue en Afrique et d'éditeur de traditions orales, les conditions de l'oralité et du même coup les spécificités de l'écriture.

Réciter un texte appris par cœur est conditionné par l'exercice de mémoire, et du même coup limité : cela suppose un effort de mémorisation produit en particulier au détriment de la réflexion et d'un certain nombre d'informations. L'invention de l'écriture, en allégeant cet investissement, engendre autre chose : ne pouvant en aucun cas être considérée comme le simple stockage de récitations (ce qui est souvent induit dans le discours défenseur de l'oralité à tout prix), elle crée une « littérature ». Favorisant réflexions, variantes, recherches, notations de détails précis et importants, elle permet un travail sur ce qui a pu d'abord être dit. Et paradoxalement, alors que l'écrit paraît indéfini, permettant notamment la constitution de livres longs et de bibliothèques importantes, il permet en même temps la condensation.

Ainsi, dans la Bible, ce phénomène de condensation a produit la composition, en très peu de lignes, de récits complets qui seraient décevants et insatisfaisants à l'oral. Pensons à tel ou tel épisode : celui de Samson par exemple dérobant les portes de Gaza, en trois versets (Jg 16,1-3) ; ou à telle ou telle parabole du Christ. L'écrivain a manifestement travaillé le récit pour en dire le maximum en un minimum de termes, et tirer le maximum d'effet sur le lecteur avec un minimum de moyens.

L'oral élaboré par l'écrivain

Il y a plus : l'oral même est fabriqué par les écrivains, qu'ils soient romanciers, dramaturges ou journalistes ! De façon générale, et Jack Goody en fit lui-même l'expérience, la simple transcription d'un discours oral donne un texte illisible soit par platitude soit par « bégaiements » de l'expression et de la pensée. Quiconque a relu par écrit ce qu'il avait dit ou raconté fait l'expérience de cette décevante surprise. Ainsi y a-t-il de la part des écrivains une élaboration particulière pour faire « entendre » ou rendre « audible » et donc « oral » ce qui sera intégralement le fait de leur écriture.

Enfin, l'évocation de l'oralité comme la garantie d'une écriture soi-disant peu ou pas fiable, implique une méconnaissance – pour ne pas parler de mépris – de ce qui fut l'aventure de l'invention de l'écriture dans l'aire proche-orientale dont relèvent nos écrivains bibliques. Sans cette invention, sans l'invention phénicienne de l'alphabétique au XVe siècle avant notre ère, ce qui deviendrait la Bible eût été impensable, et les fameuses traditions orales seraient restées lettres mortes, c'est le cas de l'écrire, comme l'essentiel de tant de cultures à oralité, antiques et récentes.

La Bible, comme les grandes cultures de l'Antiquité, égyptiennes, mésopotamiennes, grecques et romaines, témoigne non seulement d'une transmission écrite, mais d'une véritable création littéraire qui a su aussi nous donner l'illusion, agréable et expressive, de l'oralité. Et si nous avons intérêt et goût pour l'oralité dans la Bible, n'oublions pas que c'est grâce à l'écrit, l'Écriture et les Écritures justement !

Soyons réalistes : recourir à la tradition orale pour « sauver » ou « secourir » une écriture biblique jugée défaillante ou peu fiable, ou victime des travaux « critiques » des « méchants » exégètes, c'est se mettre dans la situation de celui qui voulant une roue de secours ne s'apercevrait pas que le pneu en est crevé !

Le jour « un » de l'écriture

André Paul*

Toute recherche et tout discours sur l'écriture de la Bible (limitée, pour la cause, à l'Ancien Testament) se trouvent soumis à une condition préalable. Que les frontières du *corpus* canonique soient ouvertes au continent littéraire dans lequel les diverses pièces qui le composent évoluèrent d'abord, seules ou assemblées. Ceci étant, considérons que l'on est en présence de textes littéraires, prose et poésie. Il est acquis que l'usage écrit de la prose littéraire advint le premier dans l'histoire : il ne s'affirma réellement, en Grèce d'abord, chez les ethnographes et historiens, qu'au cours du VIe siècle av. J.-C. Au siècle suivant, Hérodote en sera le témoin brillant et accompli. Or, un terreau social était nécessaire pour qu'il y ait germination « biblique ». Il ne put être constitué que sous la domination perse, quand la province de Yehûd, avatar recomposé du royaume de Yehûdah, eut atteint un degré suffisant de structuration nationale. À l'instar d'autres nations, ce peuple aux forces rénovées et au nom d'auto-baptême « Israël », put alors construire dans l'écriture son passé et ses lois, avec son héros

* Historien et bibliste.

fondateur et son législateur national ; il acquit ainsi son indépendance morale. Il ne procéda pas de rien mais à partir de cortèges nourris de traditions, de légendes et de mythes. Ce fut néanmoins le jour « un » d'une aventure littéraire sans fin, unique dans l'histoire : « Et l'homme créa la Bible ». Nous sommes au Ve siècle av. J.-C.

Au siècle suivant, le IVe, on maîtrisera l'écriture poétique : pour l'oracle, dit prophétique et pour le chant, dit psalmique. Tout comme en Grèce avec les œuvres d'Homère ou d'Hésiode, la poésie des fils de Yehûd n'était jusqu'alors qu'activité ou chose orale. Vint alors l'heure de l'autonomie de l'écriture poétique, instituée comme art littéraire. La Loi de Moïse allait trouver son achèvement sous la forme de livres prophétiques constitués pour beaucoup d'oracles poétiques. Chacun était composé de pièces rassemblées sur un nom, celui d'une figure qu'a posteriori on dira « prophète ». À l'instar de Moïse pour la Loi, ces recueils étaient placés sous le patronage de titulaires dont les noms se trouvaient liés aux traditions les plus saillantes qui leur servaient de source. La Loi était assortie de l'histoire des origines d'Israël et plus encore de la biographie de Moïse, son incomparable « prophète » (selon Deutéronome 18,18). Ce dernier étant proclamé mort avant l'entrée d'Israël dans sa terre promise, son insigne carrière sollicita d'être prolongée par celle de son premier successeur, Josué. Très partiellement et de façon bien moins formelle, on s'inspira du modèle narratif de la Loi pour nombre de livres présentés comme prophétiques. Les groupements d'oracles furent assortis d'éléments biographiques, ceux du signataire déclaré. Et conjointement, la situation politique ou religieuse d'Israël était reprise en des évocations qui donnaient à l'oracle une résonance historique concrète, et une crédibilité sans faille.

Anachronisme

On refaisait l'histoire, nationale et internationale, en enracinant, actualisant et orientant les oracles en fonction d'événements du vécu national. C'était l'avatar exemplaire de l'historiographie première. L'écriture poétique de l'oracle prolongeait celle de l'histoire, de l'histoire avec la Loi ou de la Loi dans l'histoire. Les deux progresseront dans une synergie productive d'où naîtront bien d'autres œuvres, « les autres écrits » disait-on tout au début du IIe siècle av. J.-C., certains retenus plus tard dans la Bible.

C'est ainsi que, selon le traducteur de la Sagesse de Ben Sira dans son fameux Prologue et tels autres témoins venus de grottes de Qumrân, deux ensembles littéraires étaient attestés comme institués dès les premières années du IIe siècle av. J.-C., tandis qu'ils éclataient en livres séparés. On les désignait par les formules « la Loi » et « les Prophètes ». On les présentait aussi comme réunis : « la Loi et les Prophètes ». Et il semble que la constitution de ces groupements, leur assemblage et déjà leur éclatement, fussent choses acquises au siècle précédent, le IIIe. Quoiqu'il en soit des ensembles constitués – il y en avait probablement d'autres que ces deux-là –, il serait anachronique d'envisager quelque écriture de la Bible dans le sens littéraire du terme avant le Ve siècle pré-chrétien. Le saut qualitatif qu'implique l'accession à l'art et au savoir-faire qu'est l'écriture littéraire, demeurait jusqu'alors impossible, pour des raisons culturelles et techniques mais aussi, en amont, politiques et sociales.

II

L'exil à Babylone, moment crucial

Naissance de la Bible

Thomas Römer*

Au commencement, l'Exil. Il est tentant de résumer ainsi la naissance de la Bible hébraïque. L'Exil à Babylone n'a pas provoqué la fin du peuple judéen, mais il a paradoxalement donné naissance au judaïsme, qui puisera dès le IVe siècle avant notre ère son identité dans la Torah. Car la déportation de l'intelligentsia juive à Babylone a préparé de manière décisive l'avènement du Livre.

L'Exil babylonien fut la conséquence des révoltes des rois judéens contre l'Empire babylonien, lequel contrôla dès 605 le Proche-Orient. En 598 eut lieu le premier siège de Jérusalem, dont une partie importante des intellectuels et de la cour royale furent déportés. Sédécias, le roi installé par les Babyloniens, tenta un soulèvement qui provoqua la destruction de Jérusalem en 587-586. La ville fut incendiée et le Temple détruit, et une deuxième vague de déportation eut lieu. Le royaume de Juda avait cessé d'exister, et fut sans doute rattaché à la

---

* Professeur à l'Institut romand des sciences bibliques. Université de Lausanne.

province babylonienne de Samerina. Certains textes bibliques donnent l'impression que la Judée fut entièrement vidée de ses habitants et désertée à cette époque (cf. 2 Rois 25,21) ; mais en réalité, seulement 10 à 15 % de la population fut déportée. Néanmoins, c'est à cette « minorité intellectuelle » qu'il faut attribuer l'invention et la mise par écrit de la plupart des réponses qui furent données à l'époque face à la crise de la destruction de Jérusalem.

La première édition d'une histoire d'Israël

Un groupe d'anciens fonctionnaires de la cour rédige durant le VIe siècle une fresque historique qui s'étend du livre du Deutéronome jusqu'aux livres des Rois. On l'appelle « histoire deutéronomiste », parce que les auteurs de cette histoire se sont appuyés sur le Deutéronome primitif édité à l'époque de Josias (vers 630), dont ils font une véritable grille de lecture de l'histoire du peuple de Yahvé. Le Deutéronome exhorte Israël à respecter l'alliance avec Yahvé en ne vénérant aucune autre divinité en dehors de lui. La narration deutéronomiste veut montrer que toute l'histoire d'Israël depuis la conquête du pays promis a été marquée par la désobéissance constante du peuple et de ses chefs, qui n'ont pas su respecter cette exigence fondamentale. Dans l'optique des auteurs deutéronomistes, c'est alors Yahvé lui-même qui provoque la catastrophe de l'Exil (2 Rois 24,3) afin de sanctionner Israël pour son incapacité à observer la Loi codifiée dans le Deutéronome.

L'histoire deutéronomiste n'est ni une historiographie au sens moderne, ni une enquête à la manière des Grecs. Néanmoins, elle doit être comprise comme la première tentative visant à construire une image globale du passé d'Israël pour donner sens au présent. Les auteurs de cette histoire d'Israël sont en réalité des rédacteurs. Ils ne partent pas de rien, mais utilisent des textes de l'époque de la monarchie, parmi lesquels une première version du Deutéronome et du livre de Josué, datant du règne de Josias, ou encore un « livre de sauveurs », dont l'origine se situe dans le royaume du Nord et qui forme la charpente du livre des Juges, ainsi qu'une histoire de l'ascension de David (1 Samuel 16–2 Samuel 5).

La nouveauté de l'histoire deutéronomiste consiste à réviser ces textes plus anciens, et à les organiser en une composition cohérente qui relate l'histoire d'Israël, des origines à l'Exil. Le travail de ces « Deutéronomistes » à l'époque babylonienne et au début de l'époque perse prépare ainsi le chemin vers une « religion du Livre ». Deutéronome 6,9 invite les destinataires à inscrire les paroles de la Loi sur toutes les maisons d'Israël ; or cette pratique était traditionnellement réservée aux sanctuaires. Ainsi, après la destruction du Temple, toute maison peut devenir « sanctuaire », dans lequel on écoute la parole de Yahvé. Le Deutéronome se trouve donc d'une certaine manière à l'origine du culte synagogal.

La formation du corpus prophétique

Les prophètes du VIIIe siècle avaient dénoncé les injustices sociales et les dérèglements cultuels en Israël et en Juda ; ils avaient également annoncé la venue d'un jugement divin. Marginaux à leur époque, ils deviennent en revanche soudainement crédibles après la catastrophe de l'Exil, laquelle confirme leurs oracles de malheur. Le milieu deutéronomiste, déjà responsable de la composition des livres de Deutéronome à 2 Rois, se met alors à éditer notamment les livres d'Amos, d'Osée et de Jérémie, fournissant ainsi à l'histoire deutéronomiste un complément prophétique. Ce complément sert à démontrer que le jugement avait été annoncé depuis longtemps par les prophètes, lesquels ont cependant été continuellement rejetés par le peuple. Toutefois l'Exil posait également la question de savoir s'il pouvait encore y avoir un avenir pour le peuple de Yahvé. Face à l'insistance deutéronomiste sur le jugement, un prophétisme « optimiste » se développe dès 540. Ce prophétisme de salut est particulièrement perceptible dans la deuxième partie du livre d'Isaïe, appelé « Deutéro-Isaïe » (chap. 40-55). Il s'agit d'un groupe de prophètes anonymes, dont les oracles ont été ajoutés plus tard à la première partie du livre d'Isaïe. Le Deutéro-Isaïe annonce la fin de l'Exil, et présente le retour dans le pays à la fois comme un nouvel Exode et comme une nouvelle création (Isaïe 43,18-20).

La cohabitation d'une prophétie de jugement et d'une prophétie de salut, cohabitation qui caractérise le corpus prophétique dans l'Ancien Testament, trouve ainsi son origine à l'époque de l'Exil.

La majeure partie de la littérature de la Bible hébraïque est due aux exilés ou à leurs descendants. En revanche, les traditions sur les Patriarches furent véhiculées par la population rurale, non déportée.

Ézéchiel 33,24 montre clairement qu'Abraham servait de figure d'identification à la population restée dans le pays. Ce passage suggère en effet que la population des non-exilés se servait du Patriarche afin de légitimer la possession du pays contre les revendications d'une partie des exilés : « Abraham était seul, et il a possédé le pays ; nous qui sommes nombreux, c'est à nous que le pays est donné. » À l'époque babylonienne, il était donc déjà un personnage connu ; mais il semble que la première mise par écrit du cycle du Patriarche prit place durant cette époque. Son auteur est peut-être à chercher dans l'entourage de Guedalias, que les Babyloniens avaient installé pour gérer les affaires courantes de Juda. Contrairement aux textes deutéronomistes, qui exigent une stricte séparation d'Israël vis-à-vis des nations, l'histoire d'Abraham insiste sur la nécessité d'une cohabitation pacifique de tous les peuples de la Syrie-Palestine, lesquels entretiennent, selon Genèse 12-25, de nombreux liens de parenté par le truchement d'Abraham.

La Torah comme « patrie portative »

Encore à l'époque de l'Exil, les traditions sur les Patriarches se trouvaient en concurrence avec la tradition de l'exode (Exode 1-15) et de Moïse. Alors que le livre de la Genèse n'est guère marqué par le travail rédactionnel des Deutéronomistes, l'histoire de Moïse est fortement imprégnée du style et des préoccupations de cette école. Les premiers qui rassemblèrent en un même rouleau les histoires des Patriarches et les récits sur la sortie d'Égypte et le séjour dans le désert sont des représentants du milieu sacerdotal. Vers la fin de l'Exil ou dans les premières décennies de l'époque de la domination perse, ces prêtres publient le noyau narratif du Pentateuque, en distinguant trois époques de la révélation divine (cf. Exode 6,2-4) : les origines de l'humanité (où Dieu est appelé Élohim), l'époque des Patriarches (durant laquelle Dieu se manifeste comme Él Shadday), et l'époque de Moïse (lorsque Dieu se révèle sous son nom de Yahvé). Le milieu sacerdotal insiste sur l'importance du culte sacrificiel (Lévitique 1-9), mais tient compte de la situation d'un peuple en dispersion. Les auteurs sacerdotaux placent le sabbat (Genèse 2,1-4), les règles alimentaires de base (Genèse 9,4), la circoncision (Genèse 17) et la Pâque (Exode 12) avant la construction du sanctuaire, et donnent ainsi aux exilés des rites identitaires facilement applicables.

Chacun à leur manière, les auteurs deutéronomistes et sacerdotaux tiennent compte de la crise de l'Exil. Ils se retrouveront à l'époque perse pour éditer ensemble le Pentateuque : le document sacerdotal fournit la structure de base et le Deutéronome, séparé de l'histoire deutéronomiste, la finale. Le Pentateuque devient alors une « patrie portative » : car la Torah, peut être lue et pratiquée aussi bien par la diaspora (les descendants des juifs de l'Exil, restés à l'étranger), que par les juifs demeurant dans le pays.

Le récit biblique du Déluge et les mythes mésopotamiens[1]

Jacques Briend*

Le 3 décembre 1872, un certain Georges Smith fit sensation en annonçant à la société d'archéologie biblique de Londres que le déchiffrement d'une tablette en cunéiforme de 17 lignes avait révélé un récit du déluge. Il fallut se rendre à l'évidence : la Bible, le seul monument littéraire de l'Antiquité retransmis sans interruption depuis des générations, avait des racines plus anciennes, en Mésopotamie !

Le récit du déluge est principalement connu par deux textes mésopotamiens. Il y a d'abord le texte dit d'Atra-Hasis que l'on peut traduire comme le « Super-Sage » ou le « Très-Intelligent ». Cette version en langue babylonienne remonte au moins à la seconde moitié du millénaire avant notre ère. Le scribe de la plus ancienne copie sur tablette travaillait en effet à l'époque du roi Ammi-sadûqa qui régna entre 1646 et

1. Conférence à l'Unesco (texte non définitif).

* Professeur honoraire à l'Institut catholique de Paris.

1626 av. notre ère, mais le texte est vraisemblablement un peu plus ancien. Il existe une autre version du déluge racontée dans la tablette onze de la célèbre épopée de Gilgamesh. Nous disposons aujourd'hui de bonnes éditions de ces textes qui permettent une confrontation avec le récit biblique.

Avant d'entreprendre une comparaison entre les textes mésopotamiens et le texte biblique, il faut rappeler que le texte biblique lui-même n'est pas d'une seule venue. Dès le XVIIIe siècle, en France, Jean Astruc, médecin du roi Louis XV et grand lecteur de la Bible, en fit une étude critique dans un mémoire intitulé « Conjectures sur les mémoires originaux dont il paraît que Moïse s'est servi pour composer le livre de la Genèse » avec des remarques qui appuient ou éclaircissent ces conjectures. Ce livre, paru en 1753, plus d'un siècle avant l'intervention de Georges Smith à Londres, a été récemment réédité par Pierre Gibert sous le titre plus simple de « Conjectures sur la Genèse ». Jean Astruc discerne douze mémoires dans le livre de la Genèse, à partir d'un certain nombre de constats toujours valables aujourd'hui. Il y a tout d'abord les répétitions à l'intérieur du livre : les deux noms alternativement donnés à Dieu, Elohim ou Jéhovah ; et il y a la comparaison entre la livre de la Genèse et les autres livres de la Torah, ainsi que le non-respect de l'ordre chronologique que l'on discerne lorsque l'on lit de manière attentive le livre de la Genèse.

Ainsi, dans le récit biblique du déluge, Jean Astruc distingue un texte A où il est fait usage du mot Elohim pour parler de Dieu, et un texte B qui emploie le nom divin Jéhovah. Il va jusqu'à penser qu'il existe aussi un texte C auquel il n'accorde que trois versets. À l'époque de Jean Astruc, quand les textes mésopotamiens n'étaient pas encore connus, on reconnaissait déjà de façon assez unanime que le texte biblique était une synthèse de deux récits qui avaient eu chacun une existence propre avant de fusionner à un moment donné. Si cela est exact, ce que je crois, il ne suffit pas de dire que le texte du déluge a quelque chose à voir avec les textes mésopotamiens, il faut se demander comment l'influence mésopotamienne s'est exercée sur l'un et l'autre des récits.

Un texte biblique composite

Les exégètes ont relevé six contradictions ou différences majeures entre les deux récits du déluge. Premièrement, la raison de celui-ci est donnée deux fois : la perversité du cœur humain (Gn 6,5), puis la corruption de la terre et de toute chair (Gn 6,11-13) dans un texte que les exégètes considèrent aujourd'hui comme sacerdotal.

Par ailleurs, quand Dieu dicte ses ordres relatifs aux animaux qui doivent rentrer dans l'arche, il demande à Noé de prendre un couple de chaque espèce animale (6,19-20), et plus loin de prendre sept couples d'animaux purs et un couple d'animaux impurs (7,2). La différence porte non seulement sur le nombre d'animaux, mais, surtout, sur la distinction entre pur et impur. Ceci suppose une pratique liturgique où certains animaux étaient sacrifiés et d'autres pas. Le texte reflète donc nécessairement une histoire cultuelle beaucoup plus ancienne que le texte biblique lui-même.

La durée du déluge est une autre donnée variable : d'un côté le texte parle de quarante jours et quarante nuits, un chiffre qui est une particularité des chronologies bibliques, probablement d'origine palestinienne. Par exemple, le pèlerinage d'Elie qui dure quarante jours et quarante nuits ou le séjour d'Israël au désert quarante ans. D'un autre côté, le récit sacerdotal plus récent dit que la crue des eaux dure cent cinquante jours, le laps de temps entre le début du déluge et la restauration de la création étant d'une année entière et dix jours.

Quant à la nature du déluge, il est provoqué dans un cas par de très fortes pluies (7,12 ; 8,2b), mais dans d'autres il s'agit d'une catastrophe cosmique où les sources de l'Abîme montent et noient tout le monde, en même temps que le ciel déverse de la pluie ; l'eau vient à la fois d'en haut et d'en bas.

La sortie de l'arche, enfin, est ordonnée par Dieu en 8,15-17, mais elle a lieu après un lâcher d'oiseaux selon 8,7-12.

Ces données, inconciliables, supposent deux représentations du cosmos et de l'origine de la pluie. Un rédacteur tardif aura pris soin d'unir deux récits, qui étaient distincts à l'origine et probablement d'époque différente, mais qu'il considérait comme tous deux valables. Pour les rédacteurs anciens, il n'était pas possible de juxtaposer deux récits du déluge, car il n'y avait qu'une seule remise en question de la création. Celle-ci avait été si radicale qu'elle ne pouvait se concevoir que comme une catastrophe unique. Le poids de la tradition était donc tel qu'il fallait réduire ces deux récits en un seul. Un cas identique se rencontre dans le livre de l'Exode avec l'épisode de la traversée de la mer Rouge (Ex 14).

Parallèles et différences entre les traditions bibliques et mésopotamiennes

Tentons de relire le texte biblique, dans la version canonique, en parallèle avec les textes mésopotamiens. Dans tous les textes qu'ils soient mésopotamiens ou bibliques, la décision de provoquer le déluge est divine. Dans *l'Atra-Hasis*, elle émane d'Enlil, le dieu de la terre, qui trouve que les hommes sont trop nombreux, qu'ils font du bruit et qu'ils l'empêchent de dormir.

Dans la tablette XI de *l'épopée de Gilgamesh*, ce sont les grands dieux tous ensemble qui décident de provoquer le déluge, mais en même temps Enlil est accusé d'avoir agi sans réfléchir. Dans un autre texte, le mythe d'Erra, la décision est attribuée à Marduk, le grand dieu de Babylone. Finalement, dans les textes mésopotamiens, le déluge est unanimement considéré comme une action désastreuse dont un grand dieu est la cause, peu importe son nom. Il y a unanimité sur ce point car seul un dieu est capable de prendre une décision qui mette en cause la création du monde, en n'oubliant pas que la création du monde est œuvre divine.

Dans la Bible, il n'en va pas de même, la cause du déluge est située du côté de l'homme, considéré comme mauvais et dont le cœur est porté à concevoir le mal, ou bien encore du côté des hommes qui sont corrompus et ne connaissent que la violence. Le déluge est provoqué face au mal qui ronge l'humanité.

La construction de l'arche est ordonnée par Dieu (Gn 6,14), mais dans *l'épopée de Gilgamesh*, c'est Ea, le dieu de la sagesse et des artisans qui commande la construction. Dans le récit biblique, l'arche doit avoir une longueur de trois cents coudées, une largeur de cinquante et une hauteur de trente coudées. En revanche, dans *l'épopée*, le bateau doit avoir une longueur égale à la largeur et l'ensemble forme un bâtiment carré de soixante mètres de côté et haut de soixante mètres. Le seul point commun aux deux traditions est l'ordre de faire un toit. Certains y voient plutôt l'image d'un temple, car on conçoit mal comment cette construction pourrait naviguer. Le texte mésopotamien parle d'un bateau, mais la Bible parle d'une arche, un terme qui n'est mentionné ailleurs qu'à propos de Moïse, déposé sur le Nil dans une « archa », une boîte. Rien ne nous est dit dans le récit biblique sur la construction du bateau, sinon que l'arche doit avoir trois étages. Peut-être les auteurs se sont-ils trouvés mal à l'aise face à une construction navale faite de roseaux, typiquement mésopotamienne. En Palestine, pays de collines et non de marins, ces métiers n'existaient pas. Un seul trait est commun aux deux traditions, la mention du bitume utilisé pour le calfatage. Cette technique mésopotamienne se retrouve dans le récit biblique où l'arche doit être enduite à l'intérieur et à l'extérieur.

Entrent dans l'arche la famille de Noé et des animaux par couple. Pour les auteurs bibliques et mésopotamiens, le problème majeur consistait à repeupler la terre après le déluge. Dans *l'épopée de Gilgamesh*, c'est l'ensemble du monde animal qui entre dans l'arche, animaux domestiques et animaux sauvages, plus tous les artisans de métier. Là encore, les préoccupations mésopotamiennes sont tournées vers le futur, vers ce qui se passera après la fin du déluge, quand le savoir-faire des artisans sera une donnée capitale qu'il faut absolument maintenir.

Une mention particulière, dans le texte biblique seulement, concerne les oiseaux du ciel. Elle s'explique très bien par le rituel israélite du sacrifice des pauvres qui permet d'offrir un oiseau à la place d'un mouton ou d'un bœuf. Cette distinction a probablement une origine liturgique et annonce la reprise des sacrifices après le déluge.

Après que le déluge a cessé – au bout de sept jours et sept nuits dans *l'Atra-Hasis* – il faut attendre la baisse des eaux. Dans le texte biblique, Noé ouvre la fenêtre de l'arche au bout de quarante jours. L'*épopée de Gilgamesh* ajoute une touche très humaine : « J'ouvris une lucarne, un chaud rayon me tomba sur la joue », dit le héros qui s'agenouille et prie. Ce passage très émouvant évoque certainement aussi un contexte liturgique.

Dans le texte biblique, l'ouverture de la fenêtre est suivie d'un lâcher d'oiseaux, d'abord un corbeau et puis à trois reprises d'une colombe. À son second retour, celle-ci tient dans son bec un rameau d'olivier. Pourquoi une colombe ? Sans doute parce qu'en Palestine elle est un symbole de fécondité et l'on espère qu'après le déluge la terre sera féconde. Dans *l'épopée de Gilgamesh*, l'épisode se présente de manière différente. Il y a bien un lâcher de trois oiseaux, mais ce sont successivement une colombe, une hirondelle et un corbeau. Cet ordre intrigue car, dans les textes anciens, le corbeau était utilisé par les marins pour se guider et vérifier la proximité de la terre. On s'attendrait donc à trouver le corbeau en premier. Il est possible que le texte biblique s'enracine dans une expérience beaucoup plus ancienne, celle des Phéniciens par exemple qui lâchaient en premier le corbeau, puis la colombe.

L'arrêt de l'arche sur la montagne est un trait commun aux deux récits. Dans *Gilgamesh*, le bateau accoste au mont Nizir où il est immobilisé pendant six jours. On situe l'endroit dans la région de Kirkouk, en Turquie. La montagne du texte biblique, elle, s'appelle Ararat et désigne les montagnes du nord de l'Assyrie.

Lorsque Noé sort de l'arche, son premier geste est un acte liturgique : dresser un autel au Seigneur et d'y offrir des holocaustes avec des animaux purs. Le texte dit que le Seigneur respira le parfum apaisant », qu'il agrée le sacrifice et ne maudira « plus jamais le sol à cause de l'homme » (Gn 8,21). Dans *Gilgamesh* XI,155-161 aussi, le héros du déluge sacrifie et répand une offrande au sommet de la montagne. Le texte mésopotamien insiste sur l'accueil de ce don par les dieux qui « en flairèrent la bonne odeur et se pressèrent comme des mouches au-dessus du sacrificateur ». Il s'agit en fait d'un dénominateur commun à tous les textes religieux de l'Antiquité : la divinité respire. Il n'est pas dit qu'elle va manger, mais au moins elle respire ce qui lui est offert. Le plus important du point de vue liturgique, c'est bien l'offrande faite par les hommes à la divinité. Cette conception du sacrifice rappelle que Dieu est une personne vivante, capable d'établir une relation étroite avec les hommes.

Au terme de cette présentation, nous pouvons conclure que la source d'inspiration directe du texte biblique ne peut être qu'une tradition mésopotamienne qui a connu diverses versions écrites au cours des siècles. Plus important est de reconnaître qu'il y a deux récits qui ont été combinés en Gn 6-8. Le récit le plus ancien a longtemps a été attribué à un document yahviste composé au xe siècle av. notre ère. En réalité, il représente une première version d'inspiration mésopotamienne, élaborée à la fin du viiie siècle ou même au viie siècle av. notre ère. L'autre texte, plus récent, qualifié de sacerdotal, représente une nouvelle élaboration du même thème, offrant une autre image de Dieu et une autre perception des rapports de l'homme avec la divinité. Ce second récit a été élaboré durant la période de l'exil (vie siècle av. J.-C.).

Le texte que nous lisons dans le livre de la Genèse constitue une unité littéraire qui s'appuie sans conteste possible sur une longue mémoire mésopotamienne.

Une communauté juive sans Temple

Jacques Briend*

L'examen détaillé des textes bibliques datant de l'époque exilique permet de saisir les changements importants qui se sont produits dans la vie religieuse des Juifs de Babylone, privés du Temple. Durant l'Exil, il a existé une vie religieuse rythmée chaque semaine par le sabbat, chaque année par la célébration pascale permettant aux communautés judéennes de maintenir une fidélité au Dieu d'Israël en dépit des aléas de l'histoire. Lorsque l'Exil prendra fin, circoncision, sabbat et Pâque trouveront leur place dans le judaïsme post-exilique.

À la suite d'une politique désastreuse, Jérusalem fut assiégée par l'armée de Nabuchodonosor, roi de Babylone, en 597, et des Judéens furent contraints de prendre le chemin de l'exil ; lors du second siège de la ville en 587 un deuxième groupe prit le même chemin, puis un peu plus tard un troisième fut contraint de partir également en Babylonie. Le nombre de ces

* Professeur honoraire à l'Institut catholique de Paris.

exilés est difficile à établir, mais nous disposons sur ce point de quelques données. Selon Jérémie 52,28-30, trois groupes de Judéens durent quitter leur pays pour se rendre en Babylonie : en 597, 3 023 Judéens, en 587, 832 habitants de Jérusalem, et enfin en 582, 745 Judéens ; en tout 4 600 personnes. Ces données que le livre de Jérémie est le seul à fournir peuvent provenir d'un document babylonien qui se contente d'indiquer le nombre des adultes. Pour l'administration babylonienne, le recensement des chefs de famille devait suffire.

Pour l'exil de 597 le livre des Rois offre des données beaucoup moins précises. En 2 R 24,14, il est question de 10 000 exilés, mais ce chiffre se réduit à 8 000 au v. 16, 7 000 notables et 1 000 artisans sachant travailler le métal. Il s'agit là d'une approximation. Les données fournies par le livre de Jérémie permettent d'estimer à 20 000 le nombre d'exilés contraints de partir en Babylonie.

Au-delà des chiffres, la composition sociale du groupe des exilés mérite examen. En 597, partent en exil selon 2 R 24,15 le roi Yoyakîn, la mère du roi, ses femmes, ses fonctionnaires et les nobles du pays, sans oublier les artisans sachant travailler le métal afin de prévenir une future révolte. Peu de temps après, peut-être en 595, le prophète Jérémie écrit une lettre aux exilés (Jr 29,1-2) et s'adresse aux anciens, aux prêtres et aux prophètes. C'est dire que toute une partie de l'élite civile et religieuse a été envoyée en exil. Le futur prophète Ézéchiel, qui appartient à une famille sacerdotale, fait partie de ce groupe. En 593, Dieu le choisit comme prophète et ce choix est daté de la cinquième année du roi Yoyakîn (Éz 1,2).

La lecture du livre d'Ézéchiel montre que le prophète s'adresse régulièrement aux anciens de Juda qui se rassemblent dans sa maison (Éz 8,1), appelés aussi anciens d'Israël (14,1 ; 20,1). L'audience du prophète ne se limite pas aux anciens et sa parole suscite des réactions diverses. « Les gens de ton peuple, dit Dieu à Ézéchiel, ceux qui bavardent sur toi le long des murs et aux portes des maisons, parlent les uns avec les autres [...]. Ils viendront à toi, [...] ils s'assiéront devant toi [...], ils écouteront tes paroles, mais ne les mettront pas en pratique » (Éz 33,30-31). De ces notations il est possible de conclure que le prophète et ses auditeurs habitent des maisons et circulent librement.

Le prophète est installé près du fleuve Kebar (Éz 1,3), une dérivation de l'Euphrate, dans un village nommé Tel-Aviv (Éz 3,15). Le mot « tel » désigne normalement un lieu abandonné et en ruines. Il est d'ailleurs instructif de retrouver ce terme dans le nom de localités occupées par des Judéens exilés, par exemple Tel-Melah et Tel-Harsha (Esd 2,59//Ne 7,61), à côté de localités situées aussi en Babylonie comme Keroub-Addân et Immer. Ainsi en exil les Judéens se sont installés dans des villages abandonnés et donc une certaine cohésion sociale est rendue possible, gardant le souvenir de leur origine. Ces communautés judéennes, qui pouvaient ne pas être très éloignées l'une de l'autre, avaient donc une structure sociale, mais aussi une structure religieuse grâce à la présence des prêtres, gardiens de l'héritage liturgique du Temple de Jérusalem, Ézéchiel étant le plus célèbre d'entre eux.

Les signes d'une identité religieuse

Dans le contexte de l'Exil babylonien, quelle pouvait être la vie religieuse des exilés ? Le Temple de Jérusalem est détruit, l'autel des sacrifices également et il ne peut être question de construire un sanctuaire ni même de dresser un autel pour les sacrifices, car les exilés ont une vive conscience de vivre sur une terre étrangère. D'ailleurs ceux qui sont restés dans le pays de Juda le rappellent aux exilés en déclarant : « Restez loin du Seigneur ; c'est à nous que cette terre a été donnée en possession. » Face à cette arrogance, Dieu offre au prophète Ézéchiel une autre vision de la situation des exilés : « Même si je les ai éloignés parmi les nations et les ai dispersés, j'ai été un peu pour eux un sanctuaire dans le pays où ils sont allés » (Éz 11,16). Affirmation forte : les exilés ne sont pas abandonnés par Dieu.

De la même manière Dieu condamne cette autre affirmation de « ceux qui se tiennent sur le sol d'Israël et qui déclarent : « Abraham qui était seul prit possession du pays ; nous qui sommes nombreux, c'est à nous que le pays est donné en possession » » (Éz 33,24). Face à cette confiscation du rôle symbolique d'Abraham, les prêtres exilés font remonter à Abraham le sens de la circoncision, un rite ancien, pratiqué depuis longtemps. En Genèse 17, un texte sacerdotal, la circoncision devient signe de l'alliance entre Dieu et le peuple issu du patriarche Abraham (vv. 9-14). C'est durant l'Exil que la circoncision marque l'appartenance au peuple de l'alliance. Au retour de l'Exil, la circoncision sera exigée de tous les hommes et s'étendra à tous ceux qui habitent la maison, y compris les esclaves ; elle sera imposée à tous ceux qui veulent célébrer la Pâque (Ex 12,48).

Autre signe religieux instauré en exil : le sabbat. En effet, le milieu sacerdotal exilique semble bien être le responsable de l'identification du septième jour avec le sabbat, qui à l'origine était une fête mensuelle liée à la pleine lune. Durant la période de l'Exil, le sabbat est lié non plus au mois, mais à la semaine, plus précisément au septième jour, jour où l'Israélite consacre un temps à Dieu pour le bénir et le glorifier à cause de son action dans l'histoire (sortie d'Égypte, don de la manne) et dans la création. C'est dans les textes d'époque exilique que l'observance des sabbats est évoquée. Cet usage du pluriel, jamais attesté dans un texte pré-exilique, est lié à l'instauration du sabbat comme célébration hebdomadaire. Dès lors, il n'est pas surprenant de rencontrer le pluriel dans le livre d'Ézéchiel, en particulier en Éz 20 où Dieu n'hésite pas à dire que, dans le désert, il avait donné à Israël « mes sabbats pour être un signe entre moi et eux » (v. 12). Les sabbats doivent être tenus pour sacrés, car « ils sont un signe entre moi et vous, dit Dieu, pour qu'on sache que je suis le Seigneur votre Dieu » (v. 20). C'est sans doute à la suite de l'Exil que la prescription du sabbat fait son entrée dans le Décalogue (Dt 5,12-15) alors que dans le Deutéronome il n'est jamais question du sabbat.

C'est dans l'autre version du Décalogue (Ex 20,8-11) que se trouve une référence explicite à Gn 2,1-3 et au repos de Dieu le septième jour. Dans cette perspective il faut se demander si le récit de création, qui ouvre le livre de la Genèse (1,1-2,3), n'est pas né du désir de donner la réplique à la récitation du récit babylonien de la création, l'*Enuma elish*, lors de la fête du Nouvel An, car des Judéens ont pu assister à la grandiose procession des statues divines dans la ville de Babylone. Au retour de l'Exil la pratique d'un sabbat hebdomadaire s'imposera à Jérusalem sous l'influence des prêtres, mais cette pratique se heurtera à des difficultés, au témoignage du livre de Néhémie (13,15-22).

La célébration de la Pâque

Une troisième pratique religieuse a lieu durant l'Exil : la célébration de la Pâque. D'une certaine manière ce n'est pas une nouveauté, car le Deutéronome avait placé la Pâque en tête du calendrier liturgique (Dt 16,1-8) en modifiant quelque peu le rituel ancien. Le texte qui nous révèle cette liturgie n'est autre que celui d'Exode 12,1-14, un texte sacerdotal, car il présuppose un calendrier qui commence au printemps. En effet, la Pâque est célébrée au quatorzième jour du premier mois (Ex 12,6), date qui trahit l'influence du calendrier babylonien qui commence au printemps. À partir de là, tous les textes sacerdotaux témoignent de cette même date. Ceci dit, le texte d'Ex 12 offre la description la plus précise du rituel pascal. À certains égards on y trouve des indications plus archaïques que celles de Dt 16 où la Pâque est placée en tête du calendrier, mais doit composer avec la célébration des Azymes, première fête du calendrier liturgique pré-exilique. Au cœur du texte, se découvre la présence d'un rituel de la Pâque où les verbes sont à la troisième personne du pluriel. Le lieu de la célébration n'est pas le Temple, mais la maison, ce qui convient bien pour des Judéens en exil. Voici ce rituel extrait des versets 3 à 8 : « On prendra une tête de petit bétail par maison. Si la maison est trop peu nombreuse pour une tête de petit bétail, on la prendra avec son voisin le plus proche de sa maison selon le nombre des personnes. On l'immolera entre les deux soirs. On prendra du sang et on le mettra sur les deux montants et sur les linteaux des maisons où on la mangera. On mangera la chair cette nuit-là, rôtie au feu, et on mangera des azymes avec des herbes amères. »

Avec ce texte l'essentiel est dit : les deux rites principaux de la Pâque, le rite du sang et le rite du repas y sont présents. Ce rituel est archaïque, surtout si on le compare à celui de Dt 16,1-8. Ainsi l'animal est immolé et non pas sacrifié. La victime est un agneau ou un chevreau ; le gros bétail est exclu (Dt 16,2) ; de plus, elle est rôtie au feu et non pas cuite (Dt 16,7). Enfin le lieu du rituel est la maison et il n'est pas question du sanctuaire central comme en Dt 16,2.6.7 ; il n'y a ni autel ni ministre.

Ce rituel se distingue des autres prescriptions rédigées à la seconde personne du pluriel qui ne font qu'apporter des précisions au rituel plus ancien. En voici quelques-unes : « vous choisirez la tête de petit bétail selon ce que chacun peut en manger » ; « la tête de petit bétail sera un mâle sans tare, âgé d'un an » ; « n'en mangez rien cru ni bouilli dans l'eau, mais rôti au feu avec la tête, les pattes et les tripes ». Seul le v. 11 offre une prescription positive : « Vous la mangerez : vos reins ceints, vos sandales aux pieds et votre bâton en main ». Cette précision sur la tenue qui convient montre que l'on s'adresse à des personnes pour qui ces indications sont nécessaires. Ce qui allait de soi dans le passé, pour des bergers sur le point de partir avec le troupeau au moment du printemps, exige maintenant d'être précisé pour des gens qui sont dans une autre situation.

Le texte d'Exode 12,1-14 présente donc des caractéristiques singulières, car il est transmis comme si le Temple n'existait pas, comme si la loi sur l'unité d'autel pour les sacrifices n'avait pas été promulguée. Pour comprendre ce texte, il faut le lire comme un texte adapté à la période de l'Exil, en particulier pour ceux qui vivent en Babylonie. Dès lors on comprend que la maison puisse être le lieu de la célébration pascale. La précision relative à la mise à part de l'animal le 10 du mois (12,3) se comprend soit pour des raisons de pureté, soit pour retirer l'animal du troupeau ; la prescription est étonnante et ne se retrouve nulle part ailleurs dans la Bible. Remarquons pour terminer la place qu'occupe le texte d'Ex 12 dans l'ensemble du livre de l'Exode : il se trouve avant le Sinaï et donc avant l'organisation du culte placée sous l'autorité de Moïse. Ceci permet de comprendre l'aspect familial de la Pâque et sa reprise lors de la période de l'Exil sous l'autorité des prêtres.

La vie des déportés de Juda en Babylonie

Francis Joannès*

Pour assurer sa souveraineté sur le royaume de Juda, Nabuchodonosor II, roi de Babylone pratique trois déportations en 597, 587 et 582 av. J.-C., qui conduisent à l'implantation forcée d'une forte communauté judéenne en Mésopotamie « au bord des rivières de Babylone ». Cet Exil prend fin officiellement à la fin de l'année 539, lorsque le roi perse Cyrus, tout récent conquérant de Babylone, autorise le retour des exilés chez eux. Mais tous ne rentrent pas, et la communauté judéenne de Mésopotamie, désormais plus libre de son destin, continue de séjourner, et même de prospérer. Les archives babyloniennes en cunéiformes évoquent les heurts et malheurs de ces déportés.

En 597, Nabuchodonosor II (roi de 604 à 562) s'empare en personne de Jérusalem et emmène prisonniers dans sa lointaine capitale mésopotamienne le jeune roi, la famille royale, les officiers et les dignitaires de sa cour et ses eunuques. C'est

* Professeur d'histoire ancienne à l'université Paris I-Sorbonne.

le jeune Yoyakîn, tout juste monté sur le trône en 598, qui avait dû affronter la colère du roi babylonien, après que son père Yoyakim eut refusé de verser le tribut et se fut mis ainsi dans la situation d'un vassal en rébellion. Ces déportations sélectives avaient été mises au point par les Assyriens aux siècles précédents et visaient à priver un pays rebelle de ses élites politiques, spirituelles et même socio-économiques. Le reste de la population n'est que peu touché et les nouvelles autorités mises en place – en l'occurrence Sédécias (Sidqiyahou), oncle de Yoyakîn et nouveau roi de Juda – s'engagent à respecter les serments de vassalité et à verser le tribut.

Arrivé à Babylone, Yoyakîn fut logé au palais royal, comme en témoignent des listes sur tablette d'argile en écriture cunéiforme retrouvées pendant les fouilles allemandes du début du XXe siècle. Il s'agit de quatre distributions de rations d'huile, dont l'une est datée de l'année 592. Yoyakîn y figure comme l'un des bénéficiaires : « Ya'oukin, roi du pays de Ya'oudou ». À côté du roi, on trouve ses cinq fils, non nommés, qui doivent avoir atteint un âge suffisant pour quitter la partie du palais réservée à la population féminine et vivre avec leur père. La Bible attribue sept fils à Yoyakîn, dont Salti-El (ou Pedaya ?), le père de Zorobabel. Ce petit-fils de Yoyakîn, né à Babylone et porteur d'un nom purement babylonien (Zer-Babili « semence de Babylone »), raccompagna après 538 une partie des exilés vers Jérusalem, mais ne put remonter sur le trône de Juda. De même, le nom biblique de l'un des fils de Yoyakîn : « Shénatsar », a été interprété comme une transcription du babylonien Sîn-(ab)-ousour ou Sîn-nâsir, formé sur le nom du dieu babylonien Sîn. Treize autres personnes originaires du royaume de Juda sont citées dans ces « textes de rations », mais le plus souvent de manière anonyme, comme dans cet extrait :

[x] litres (d'huile)] pour 3 soldats à 2 litres chacun, relevant de Ur-Milki, le Ya'oudéen ;

[x] litres pour 8 Ya'oudéens

[x] litres à Ardiya, le [...]

[x] litres à Samakou-Yâma

[x] litres à Ya'oukin, roi du pays de Ya'oudu

[x] litres pour le bâtiment administratif de [...]

[x] litres à Shalam-Yâma, l'arboriculteur

[x] litres à 126 Tyriens

Le reste du texte montre que les gens du « pays de Ya'oudou » n'étaient que l'un des peuples représentés dans le palais. Ils y côtoyaient des Ioniens, des Lydiens, des Cariens, des Ciliciens, des Urartéens, des Tyriens, des Élamites, des Perses, des Égyptiens, confirmant la réputation cosmopolite de Babylone. Yoyakîn dut attendre la mort de Nabuchodonosor II et la montée sur le trône de Babylone d'Amêl-Mardouk en 562 pour voir sa situation s'améliorer significativement. Mais il resta prisonnier au palais et mourut à Babylone.

La grande déportation de 587

Entretemps, la situation du royaume de Juda s'était aggravée de manière catastrophique. Le roi Sédécias avait fini par se révolter lui aussi contre son suzerain, comptant sur un soutien du pharaon d'Égypte qui allait se révéler très vite illusoire. Le roi de Babylone décida alors d'en finir et, en décembre 589, il vint mettre le siège pour la seconde fois devant Jérusalem. Ce siège dura 18 mois. En juillet 587, Sédécias tenta de s'échapper par une brèche faite au mur de la ville. Mais, rattrapé à proximité de Jéricho et conduit, avec ses proches, auprès de Nabuchodonosor, il fut aveuglé tandis que ses fils étaient mis à mort. Le dernier roi de Juda fut ensuite emmené enchaîné à Babylone, où il devait finir ses jours.

À l'été 587, Jérusalem tombait définitivement et le chef de la garde royale, Nabou-zêr-iddin y faisait son entrée. Il organisa immédiatement la déportation de la population de manière à supprimer toute résistance ultérieure. La reprise en main du Proche-Orient occidental par le roi de Babylone était désormais achevée. Il était loisible à Nabuchodonosor de terminer les grands travaux de restauration et de construction qu'avait commencés son père à Babylone et dans la plupart des villes importantes de Babylonie. La population de Jérusalem devait servir à cette entreprise royale qui alliait souci de prestige et volonté de développement économique de la basse Mésopotamie.

Si la prise de Jérusalem est enregistrée dans une chronique babylonienne, la grande déportation de 587 n'a pas laissé de traces en tant que telle dans la documentation cunéiforme. Peut-être faut-il la mettre en relation avec le séjour effectué dans la ville de Sippar, au nord de la Babylonie, par le gouverneur de la ville d'Arpad, en Syrie du nord, qui y offrit un jeune bœuf au dieu Shamash, le 29 mai 586, soit 9 mois après la prise de Jérusalem. Il est possible que le gouverneur d'Arpad ait eu à prendre en charge et accompagner les gens du royaume de Juda déportés : à l'époque néo-assyrienne, cette tâche relève des autorités dans la circonscription desquelles passent des convois de déportés. Or, Arpad se trouve sur la route qu'a dû suivre le convoi des déportés, car le cheminement direct d'une population civile aussi nombreuse, comptant des femmes et des enfants, à travers le désert entre Jérusalem et Babylone était impossible. Vu la longueur du trajet jusqu'à Babylone, et le nombre de personnes concernées (plusieurs milliers d'hommes avec leurs familles selon les estimations habituelles), cette déportation a dû prendre beaucoup de temps. Il n'est donc pas exclu que ce soit là la raison de la présence du gouverneur d'Arpad à Sippar, et qu'il ait profité de son passage (à l'aller ou au retour) pour « faire ses dévotions » dans un sanctuaire particulièrement prestigieux.

Les déportés de Jérusalem furent amenés au cœur de l'Empire, sur les bords des rivières de Babylone, à proximité du canal Kebar, au bord duquel Ézéchiel eut sa célèbre vision. Le nom même de cette voie d'eau (kabarou a le sens de « épais ») la désigne comme un axe important, mais sa localisation exacte pose encore problème. De sens nord-sud, parallèle à l'Euphrate et au Tigre, le canal Kebar coulait en Babylonie du nord et en Babylonie centrale. Il semble avoir servi, à l'époque achéménide, de voie régulière de communication pour le transport des produits agricoles entre la Babylonie et la région de Suse et desservait, probablement dès l'époque néo-babylonienne, de vastes domaines de la couronne.

Des serfs au service de la couronne

Il n'existe pas de renseignements directs sur la situation des Judéens sous les règnes de Nabuchodonosor II et de ses successeurs néo-babyloniens. Les parallèles fournis par d'autres groupes de déportés ouest-sémitiques, en particulier ceux originaires de la ville de Neirab, près d'Alep, permettent de déduire qu'ils étaient surtout installés sur des domaines agricoles relevant de l'administration royale, et restaient en général encadrés par leurs autorités d'origine, qui servaient d'intermédiaire avec les administrateurs babyloniens. La situation première des exilés judéens n'était donc guère favorable et ils n'étaient rien d'autre que des sortes de serfs sur des terres de la couronne.

Les déportés en Babylonie restèrent regroupés, peut-être en partie suivant leur lieu d'origine, dans des agglomérations nouvelles ou reconstruites : Tel-Aviv sur le canal Kebar, Tel-Melah, Tel-Harsha, Keroub-Addân, Immer, Kâsiphia près du canal Ahavâh. Aucun de ces lieux n'a pu être identifié sur le terrain. En outre, nous ne savons que peu de choses des activités religieuses de la communauté juive exilée, bien que le phénomène de l'Exil lui-même ait eu des conséquences culturelles capitales ; la Bible indique que le culte sacrificiel était remplacé par la lecture du texte sacré. Des passages du Livre de Jérémie mentionnent également, pour les condamner, des interventions de prophètes en exil et le recours à des pratiques divinatoires ou à l'interprétation des rêves, qui avaient cours dans la communauté des déportés.

Jusqu'à la fin du règne de Nabonide (555-539), dernier roi de Babylone, la documentation cunéiforme les concernant reste maigre, ce qui semble logique pour une population qui vivait en circuit fermé, dépourvue de droits, et donc peu à même de faire rédiger des contrats. Les épisodes bibliques du Livre de Daniel nous fournissent quelques données, mais restent assez éloignés d'une description réelle de la vie des exilés. La confusion permanente qui s'y trouve entre Nabuchodonosor II et Nabonide témoigne par exemple d'un manque d'informations, dû peut-être à la vie isolée de la communauté déportée.

Cependant, dès 565, il y a à Opis, ville commerciale sur le Tigre, un marchand nommé Ahha, fils de Shani-Yâm contre qui son associé Naboû-na'id, fils de Nabou-gamil dépose réclamation. Un peu plus tard, en 551 et en 545, est mentionné un dénommé Mînou'eshou, fils de Yâhou-râm dans la région de Sippar.

Une intégration progressive après la fin de l'Exil

La situation des déportés fut spectaculairement modifiée à la suite de la prise de Babylone par Cyrus, à l'automne 539. Il intégra par là même tout l'Empire néo-babylonien à ses conquêtes et les communautés de déportés eurent la possibilité de regagner leur patrie. Une partie des exilés de Juda rentra ainsi au terme d'une déportation de près de 50 ans, mais un nombre important resta sur place, en Babylonie. Leur statut fut modifié : de déportés asservis, ils devinrent libres et les terres royales sur lesquelles ils vivaient leur furent concédées en fermage ; ils obtinrent suffisamment de capacité juridique pour pouvoir acquérir ou emprunter des biens en leur nom propre, passer des contrats, effectuer des carrières dans la nouvelle administration royale, et apparaître ainsi dans la documentation cunéiforme. Une quittance officielle de la fin du règne de Cyrus, datée du 13 septembre 532, nous dit ainsi : Abda-Yâhou, fils de Barak-Yâma, le percepteur, a reçu 5 sicles d'argent des mains de Bounnanîtou, l'épouse de Ahîqar, pour le compte de Ahîqar, le gouverneur, au titre de la taxe-ilkou [pesant] sur Ahîqar. Témoins : Adiri-iaqa [...], fils de Harim ; Bâniya, fils de Noubâ ; Nanaya-eresh, fils de Nabou-êtir. Et le scribe : Ardi-Goula, fils de Nabou-shoum-oukîn, descendant d'Amêl-Ea.

Un peu plus tard, en juillet 531, une famille judéenne fit appel aux autorités légales pour régulariser la situation d'une jeune fille rebelle à l'autorité paternelle, en suivant les normes du droit babylonien :

Le jour où Tabat-Ishar, fille de Yashe'-Yâma sera encore vue avec Koulou, le fils de Kalbaia, ou bien qu'il l'aura entraînée par de fausses paroles mais qu'elle n'y aura pas fait obstacle, et qu'elle n'aura pas dit au chef de famille : « Écris à

Kalbaia, le père de Koulou », Tabat-Ishar recevra la marque d'esclavage. Fait en présence de Halâ, la mère de Tabat-Ishar.

Ce document est d'autant plus remarquable qu'il témoigne de la possibilité – et dans ce cas précis, même, de la nécessité – d'un mariage entre famille judéenne et babylonienne. Le cas le plus intéressant est fourni par une autre tablette cunéiforme portant un contrat de vente d'un bouvillon de deux ans à Neri-Yâma, fils d'Ahi-yâqam. Le contrat compte cinq témoins dont quatre ont des noms judéens (Yâhou-azari, Nadabi-Yâma, Nahhoum, Abdou-Yâhou). Surtout, il a été rédigé dans une ville appelée la « ville de Juda » (âl Yâhoudou), au mois de juillet 498, soit quarante ans après la fin officielle de l'Exil.

La chronique babylonienne qui rapporte le siège et la chute de Jérusalem en 587, désigne la capitale précisément par ce terme de « ville de Juda » plutôt que par le nom d'Ourousalimu, qu'employaient les Assyriens. C'est donc la désignation babylonienne officielle qui servit à nommer cette « seconde Jérusalem » en Mésopotamie, manifestement l'un des foyers de la population déportée, située à un endroit qui semble être en Babylonie du nord. Des contrats du même lot d'archive, en cours d'étude et de publication par une spécialiste américaine, montrent que cette implantation judéenne se situait dans les environs de l'actuelle Bagdad. Les archives du temple de Shamash, à Sippar, livrent ainsi régulièrement des noms yahwistes, comme Gamar-Yâma, Natan-Yâma, ou Shubunu-Yamâ. De même les archives de Babylone citent un Neri-Yâma en 510, et un Aqabi-Yâma sous le règne d'Artaxerxès.

Le sud du pays n'a, pour le moment, livré aucune trace de population judéenne, soit pendant la période de l'Exil, soit sous les Achéménides. En revanche, pour la fin du ve siècle av. J.-C., les archives des Murashou, à Nippur, en Babylonie centrale, documentent la présence d'une importante colonie judéenne, que l'on s'accorde à reconnaître comme liée à l'Exil, plutôt que constituée de colons récemment immigrés. Cette communauté judéenne de la région de Nippur n'aurait fourni qu'en nombre réduit administrateurs ou colons militaires au Grand Roi car moins de 5 % des titulaires d'une charge administrative, mentionnés dans les archives des Murashou, ont un patronyme judéen. De même, 4 % seulement des domaines militaires sont tenus par des Judéens. Un réexamen des données onomastiques des archives des Murashou a montré cependant que dans une vingtaine de cas au moins nous trouvons des personnes à nom yahwiste, dont le père ou le fils portent un nom clairement babylonien, parfois même avec la mention d'une divinité locale (mais n'était-ce pas déjà le cas pour l'un des fils du roi Yoyakîn lui-même ?). Il se peut donc qu'à Nippur, à la fin du ve siècle, la population judéenne ait été plus importante qu'on ne le pense habituellement.

Il peut s'agir parfois de colons militaires au service du roi perse, qui passent contrat avec la firme Murashou pour exploiter des terres, comme dans un texte de 429, où Yadih-Yâma, fils de Bana-'El, et ses fils Yâhou-natan, Pada-Yâma, Shama'ôn et Ahi-Yâma, ainsi que d'autres associés prennent en location pour trois ans un ensemble de terres contre un fermage annuel de 126 000 litres d'orge, 2 bœufs et 20 moutons par an. Les relations avec les Murashou sont parfois plus conflictuelles, comme le montre un procès plaidé en avril 417 devant le satrape (gouverneur d'une province administrative) de Babylonie : quatre frères, Hananî, Zabad-Yâma, Bana-Yama, et Zabina, fils de Tôb-Yâma, avaient vendu une terre et des maisons à Rimout-Ninourta, le chef de la firme Murashou pour 1/2 talent (7,5 kg) d'argent. Mais Rimout-Ninourta refusa de payer la récolte produite par cette terre, déjà ensemencée au moment de la vente. Il fut finalement condamné à verser 10 mines (5 kg) d'argent en dédommagement.

Les dizaines de milliers de personnes déportées de Jérusalem vers la Babylonie y ont fait souche. Principalement implantées, semble-t-il, au nord et au centre, sur des terres de la Couronne, les exilés judéens ont retrouvé un statut de personnes libres en 539, lors de la conquête de Cyrus. Une partie non négligeable de cette communauté a alors décidé de rester sur place, dans les grandes villes babyloniennes, mais aussi dans des localités qui lui sont propres comme la « ville de Juda » mentionnée sous le règne de Darius Ier, ou la Tel-Aviv près du canal Kebar, que citait déjà Ézéchiel. Ces Judéens de Babylonie apparaissent dès lors dans les contrats cunéiformes, tels du moins que permet de les repérer le critère de leur nom yahwiste.

Entretenant de bons rapports avec les Perses, la communauté judéenne de Mésopotamie intégra en partie l'administration locale. Si elle sut préserver ses traditions culturelles, elle ne vécut pas refermée sur elle-même : certains judéens prirent des noms babyloniens, et il semble que des mariages avec des non-Judéens aient pu avoir lieu.

La rédaction de la Bible à l'époque perse

Pierre Bordreuil et Françoise Briquel Chatonnet*

En 539 av. J.-C., la prise de Babylone par Cyrus II, roi de Perse, et l'écroulement de l'Empire néo-babylonien a été un événement d'importance considérable pour l'histoire du peuple d'Israël. C'est à partir de cette date que Cyrus autorise les Judéens déportés en Babylonie à regagner leur pays et à reconstruire le Temple de Jérusalem. Toute l'époque de la domination achéménide, entre le milieu du VIe siècle et le milieu du IIIe siècle, est marquée en Judée par une intense activité intellectuelle, dont la rédaction du texte biblique, mis en forme pour la plus grande partie au cours de ces deux siècles, est le point central.

À partir de traditions diverses, de textes à l'époque royale, de documents historiographiques relatifs aux deux royaumes d'Israël et de Juda, les rédacteurs ont composé un ensemble littéraire qui présente une grande cohérence et qui répondait à

* Laboratoire des études sémitiques anciennes, CNRS-Paris.

des nécessités précises. Il s'agissait d'une part de redéfinir les fondements de l'identité d'Israël, qui devait se reconstituer non plus comme une entité politique mais comme une communauté ethnique et religieuse, et d'autre part de conférer leur légitimité aux institutions que cette communauté voulait se donner.

La prise de Jérusalem par Nabuchodonosor en 587 avait mis fin définitivement à l'existence du royaume de Juda, un siècle et demi après la disparition du royaume d'Israël. Quelques décennies plus tard, le roi de Perse autorisant le retour des exilés n'entendait pas recréer pour autant un état indépendant. Les Judéens restaient sujets de l'empereur, sous l'autorité d'un satrape, sans pouvoir espérer que leur soit reconnue une existence politique propre. Or, en Orient dans l'Antiquité, un peuple a toujours été considéré avant tout comme l'ensemble des sujets d'un souverain. Il fallait par conséquent inventer une nouvelle forme d'existence du peuple d'Israël, créer une communauté sur des bases autres que politiques et définir de nouveaux critères d'appartenance au groupe. Enjeu important, voire décisif, pour perpétuer l'existence du peuple, éviter son assimilation et enrayer sa disparition, phénomène dont l'histoire du Proche-Orient ancien offre maints exemples.

La rédaction de la Bible joue un rôle fondamental dans ce processus : Israël s'y affirme comme le peuple de Dieu, une communauté formée des sujets de Yahweh, dont la royauté est en même temps proclamée. Les « psaumes royaux » présentent une phraséologie de la royauté, des titulatures de cour, qui sont ainsi réinsérées dans un cadre religieux, permettant à Israël de se définir davantage encore comme une communauté religieuse. Ce peuple se reconnaît aussi dans une histoire commune dont le récit biblique fournit la chronique, depuis l'appel divin à Abraham jusqu'à l'édit de Cyrus, mais dont la légitimité s'enracine dans un passé bien plus ancien qu'Abraham. Le récit de l'Exode est conçu comme une sorte de midrash du récit du retour de l'Exil à Babylone, qu'il préfigure en quelque sorte.

En même temps, le but des rédacteurs est aussi d'affirmer le lien fondamental entre la communauté d'Israël et sa terre, de promouvoir les droits des exilés de retour sur un terroir dont la propriété foncière était sans doute tombée en de nouvelles mains. Or, aux yeux de ceux qui revenaient de Babylonie et dont le point de vue prévaut finalement dans les récits bibliques, possession ne valait pas titre de propriété : cette terre avait successivement été donnée par Yahweh à Abraham, arrivant d'Ur en Chaldée, et à sa descendance, puis aux tribus lors de leur retour d'Égypte. Affirmant former l'ensemble de la communauté d'Israël, ils pouvaient donc arguer de ces récits pour réclamer l'attribution des terres de Judée. Cette revendication sera exprimée plus tard très clairement par Simon Maccabée : « Ce n'est pas un pays étranger que nous avons pris ni du bien d'autrui que nous nous sommes emparés mais de l'héritage de nos pères : nos ennemis s'en étaient emparés injustement à un certain moment ; et nous reprenons, en ayant l'occasion, l'héritage de nos pères » (1 Mc 15,33-34).

Enfin, la rédaction de la Bible répondait à la nécessité, née de conditions politiques nouvelles, de définir les contours du peuple d'Israël, de discerner qui était à l'intérieur et qui était à l'extérieur, de donner aussi une définition ethnique du peuple. On n'a peut-être pas dans le passé prêté une attention suffisante à l'importance des généalogies, dont le fil conducteur entend relier chaque Judéen à l'une des tribus descendant d'un ancêtre éponyme, l'un des douze patriarches fils de Jacob. Ces listes révèlent sans doute le travail d'une commission des généalogies qui à l'époque perse a dû examiner, pour chaque individu, les titres légitimant son appartenance au peuple (Né 7,5). C'est à la même nécessité de définition ethnique que renvoient l'interdiction des mariages étrangers, source d'impureté, et l'obligation de renvoyer les épouses étrangères (Esd 9,2 ; 10,2-3) : elle est illustrée par l'histoire d'Abraham envoyant chercher une épouse pour son fils parmi sa parentèle et cette intention est peut-être sous jacente au renvoi d'Hagar, la servante égyptienne mère d'Ismaël. Le récit de la trahison subie par Samson de la part de son épouse philistine et le discrédit jeté sur les rois, Salomon, et plus encore Achab, poussés à l'apostasie par leurs femmes étrangères expriment le même état d'esprit. Dans l'esprit des théologiens du retour d'Exil, le peuple d'Israël est conçu comme un ensemble clos, délimité et protégé par la « muraille de la torah », qui l'entoure symboliquement comme la muraille réédifiée par Néhémie enclôt la Jérusalem renaissante (Esd 9,9), une muraille spirituelle qui sépare le peuple d'Israël des païens et qui isole la Terre sainte du reste du monde.

C'est cette clôture qu'incarnent les nouvelles institutions dont la communauté d'Israël s'est également dotée à la même époque et la loi qui fait l'objet d'une proclamation solennelle (Né 8,1-8). Le texte biblique lui confère une légitimité en la projetant dans le passé : le récit de la lecture de la loi par Josias (2 R 23,1-3) est décalqué sur celui d'Esdras et cette loi josianique est elle-même simplement la loi écrite et promulguée par Moïse (Dt 31,9-13), retrouvée dans le Temple.

Le gouvernement de la communauté est donc régi par deux personnages qui remplissent des fonctions complémentaires : un gouverneur civil et un grand-prêtre. Ainsi est soulignée successivement la présence de Josué auprès de Zorobabbel, celle d'Esdras aux côtés de Néhémie. Ce modèle bicéphale est aussi transposé dans le passé : Aaron, ancêtre de la lignée sacerdotale, est placé auprès de Moïse, qui remplit pourtant aussi des fonctions religieuses, le rôle de Sadoq, grand-prêtre au temps de Salomon et celui de Hilqiyahou, contemporain de Josias, est mis en relief et tous ces personnages sont replacés dans une lignée qui aboutit à Esdras. Dans les récits bibliques qui relatent la période postérieure à l'Exil, le prêtre est présenté comme jouant un rôle prépondérant par rapport au titulaire de l'autorité civile. C'est ainsi que le livre attribué au prêtre Esdras est placé dans l'ordre canonique avant celui qui est attribué au gouverneur Néhémie. Esdras serait venu d'Exil remplir sa fonction sacerdotale avant l'arrivée de Néhémie qui est mandaté par le roi de Perse, ce qui est difficile à admettre, compte tenu de la situation politique qui prévalait à Jérusalem.

Respect des rites

L'appartenance à la communauté s'exprime dans le respect de certains rites et notamment l'obligation du repos sabbatique. Cette institution, qui, avant l'Exil, était sans doute une fête mensuelle joyeuse, parallèle à celle de la nouvelle lune ou « néoménie », devient hebdomadaire et elle est marquée par l'arrêt de toute activité profane, rythmant la vie ordinaire de manière ostensible. La composition finale du premier récit de la création (Gn 1-2,3) entend montrer que tout l'œuvre de Dieu, réparti sur six journées, culmine au septième jour avec le repos divin que tout un chacun se doit de respecter à son tour. L'ensemble du récit place ainsi aux origines du monde le fondement théologique de ce rituel, dont l'importance est relayée et soulignée par les prescriptions des décalogues (Ex 20,8-11 ; Dt 5,12-15).

L'évolution de la fête de la Pâque et son insertion dans l'histoire du salut participent de la même volonté identitaire. L'antique fête pastorale et populaire, qui était célébrée au printemps dans le cadre familial et que Josias avait transportée dans le Temple en lien avec le Nouvel An de printemps, commémore désormais la délivrance du peuple par Yahweh, le retour des exilés de Babylonie, dont la montée d'Égypte constituait la préfiguration. L'unité du peuple se cimente dans la célébration commune de la Pâque (Esd 6,19-22) entre les enfants de la déportation et les descendants de ceux qui étaient restés au pays. La condition expresse de cette unité est que tous décident de demeurer séparés de l'impureté des autres peuples.

On a noté que toute l'histoire du peuple d'Israël est rythmée par un schéma récurrent, un cycle marqué par l'infidélité du peuple envers Dieu, entraînant malheur et oppression, puis conversion et retour à Dieu, qui pardonne et accorde le salut. Cette histoire, que l'on a appelée « deutéronomique » car elle est imprégnée de l'idéologie du Deutéronome, connaît son point culminant à la fin de la royauté avec l'apostasie majeure de Manassé, entraînant une catastrophe apocalyptique, la disparition du royaume de David, puis une nouvelle grâce divine. Le retour de l'Exil marque la fin de cet enchaînement infernal. La reconstruction du Temple et la restauration du culte assurent le renouvellement quotidien de l'alliance avec Yahweh et sa royauté sur son peuple. L'expression ultime de cette théologie se trouve dans les Chroniques qui racontent une histoire idéalisée de la royauté davidique. Le roi éponyme de la dynastie est présenté davantage comme un clerc que comme un chef militaire. Ses descendants sont décrits sans fard, à l'exception de Salomon : c'est en effet lui qui a instauré le culte du Temple. Introduisant la tente en même temps que l'arche (1 Ch 6,17) dans le sanctuaire, Salomon est présenté comme celui qui a récapitulé les héritages cultuels de Moïse et de David. C'est d'ailleurs à cet aspect de l'œuvre de ces rois que se borne l'intérêt du Chroniste pour la dynastie judéenne. C'est le Temple et non la pérennité dynastique qui garantit la perpétuation de la nation. Avec le culte dont il abrite la liturgie, le Temple est devenu l'instrument de la grâce divine et il permet l'épanouissement de la confiance en Dieu : « Louez YHWH, car il est bon, et sa loyauté est à toujours » (1 Ch 16,34 = Ps 100,5). Mais l'engagement divin se limite au Temple et aux institutions religieuses, le legs cultuel suffisant à témoigner de la royauté divine sur la terre.

Résumant brièvement le travail rédactionnel dont le texte actuel de la Bible hébraïque est le fruit, on peut le considérer comme une quête dans laquelle Israël devenu communauté religieuse s'est voulu l'héritier d'un même groupe ethnique. Pour ce faire, une histoire haute en couleurs, riche de gloires et de misères a été transcrite, embellie et au besoin idéalisée, dont la promesse divine se révèle à la fois comme le fil conducteur vers le passé et le moteur vers l'avenir.

III

Alexandrie,
berceau de la Bible grecque

Un judaïsme d'expression grecque

Joseph Mélèze-Modrzejewski*

Jusqu'aux conquêtes d'Alexandre le Grand, à l'extrême fin du IVe siècle avant notre ère, Juifs et Grecs se connaissent mal. Ils suivent des chemins divergents, offrant peu de chance pour une rencontre. Avec Alexandre tout change : les Juifs se retrouvent dans la mouvance grecque.

Une légende juive, recueillie par l'historien Flavius Josèphe, décrit une visite d'Alexandre à Jérusalem, pendant sa marche vers l'Égypte à travers la Syrie-Palestine, en 332 avant J.-C. Le grand prêtre Jaddous vient à sa rencontre, à la porte de la Ville Sainte. Alexandre s'agenouille devant lui ; il confirme au profit des Juifs le droit de vivre selon leur « loi ancestrale », la Torah de Moïse. Quelques-uns rejoignent son armée. Ils le suivront en Égypte et se retrouveront parmi les premiers habitants de la cité qu'il allait fonder au début de 331 avant notre ère sur l'étroite bande de terre séparant la Méditerranée du lac Mariout. Ce sera la première diaspora juive d'Occident et un

* Professeur émérite de l'université Paris I, directeur d'études à l'École Pratique des Hautes-Études

premier « âge d'or » du judaïsme de la diaspora, avant celui des Juifs d'Espagne sous le règne de l'Islam et d'Italie à l'époque de la Renaissance. Avec la fondation d'Alexandrie commence une nouvelle époque dans l'histoire des Juifs d'Égypte et une nouvelle expérience dans l'histoire du judaïsme : celle du judaïsme alexandrin, un judaïsme « non rabbinique » (ou « pré-rabbinique »).

Habitants, mais pas citoyens

Il existait à Alexandrie un quartier juif, nommé Delta. Au Ier siècle ap. J.-C., il était situé au nord-est, sur la côte, à une certaine distance des ports. Pour les ennemis des Juifs, ce n'était qu'un misérable coin de banlieue, mais ses habitants trouvaient que sa situation en bordure de mer et proche du palais royal le rendait à la fois agréable et respectable (*Contre Apion*, 2,33 sq.). Du reste, ils vivaient aussi ailleurs dans la ville : une agglomération juive est attestée au nord-ouest, près du port occidental, où sera élevée plus tard l'église Saint-Théonas, et le philosophe Philon nous signale des lieux de réunion appartenant aux Juifs alexandrins dans chaque quartier.

Malgré leur nombre – environ 180 000 individus d'après des estimations récentes, soit un tiers de l'ensemble des habitants de la capitale – les Juifs n'étaient pas, sauf rarissimes exceptions, citoyens d'Alexandrie. Aussi, dans sa *Lettre aux Alexandrins* (*P. Lond.* VI 1912 = *CP Jud.* II 153 ; novembre 41 ap. J.-C.), l'empereur Claude a-t-il pu dire qu'ils « vivaient dans une cité qui n'était pas la leur ». Peu importait le fait qu'ils y aient été établis depuis plus de trois siècles.

Les Juifs d'Alexandrie avaient leurs « anciens » et leurs « leaders », tel l'ethnarque (« chef du peuple ») qui gérait les affaires juives et réglait des litiges par voie d'arbitrage ; mais c'est à tort que certains savants ont postulé l'existence d'une communauté autonome des Juifs alexandrins (*politeuma*), aspirant à l'égalité des droits avec le corps civique, la *polis* grecque. Les cadres institutionnels qui permettent aux Juifs d'Égypte de conserver une identité propre conciliable avec leur culture grecque ne relèvent pas d'une organisation communautaire conforme au modèle de la cité grecque ; ils se construisent sur la base de la pratique synagogale, autour de la prière et la lecture de la Torah.

La lecture de la Torah dans les synagogues d'Alexandrie, comme dans toutes les maisons de prière juives dans l'Égypte gréco-romaine, se faisait en grec, dans la traduction dite des « Septante ». Pour certains historiens, l'initiative de traduire la Torah en grec serait venue du souverain lagide. Pour d'autres, elle devrait être replacée dans la pratique synagogale : les Juifs ne comprenant plus l'hébreu ont besoin d'une version des Écritures qui leur soit compréhensible. La version grecque de la Torah aurait été d'abord une sorte de *targum*, c'est-à-dire une traduction accompagnant la lecture de la Torah. Ce que nous appelons la « Bible des Septante » n'en serait qu'une rédaction ultérieure, unifiée et officialisée.

La Septante, « loi civique » des Juifs d'Égypte

L'étude des documents conservés par les papyrus grecs d'Égypte permet d'échapper à cette alternative, en nous dévoilant en même temps un aspect important, mais peu connu, de la Bible d'Alexandrie : sa place dans la réalité institutionnelle de la monarchie lagide. L'attachement des Juifs à leur Loi coïncidait avec les objectifs de la politique des Lagides qui tendait à garantir le respect des traditions nationales des habitants du royaume. La Torah de Moïse n'est pas le seul « livre sacré » qui ait été traduit en grec à Alexandrie sous le règne de Ptolémée II Philadelphe : le « Coutumier sacerdotal » égyptien, recueil de règles et de recettes juridiques réunies par les prêtres indigènes, fut lui aussi traduit en grec sous Ptolémée II, comme en témoigne une copie de cette traduction effectuée à l'époque des Antonins (*P. Oxy.* XLVI 3285).

Ces traductions avaient une importante incidence pratique : elles rendaient accessibles aux juges et aux agents du roi, qui ne connaissaient que le grec, les règles d'un droit éventuellement applicable qui étaient originellement consignées dans d'autres langues. La loi juive en version grecque pouvait désormais être invoquée par les plaideurs juifs devant les tribunaux instaurés par la monarchie pour la population hellénophone. La Septante a ainsi reçu sa consécration officielle comme « loi civique » des juifs d'Égypte.

Aux yeux des Sages du Talmud, la traduction de la Torah en grec fut une entreprise tout à fait licite, et même inspirée, en dépit des erreurs imputées aux traducteurs. Rabbi Shimon ben Gamliel, admirateur de la sagesse grecque, ira jusqu'à proclamer le privilège du grec, seule « autre langue » autorisée pour l'Écriture (*b. Megilla* 8b-9b). L'opinion contraire, qui n'admet que l'« hébreu carré » (*ktav ashuri*) pour l'Écriture et pour laquelle « le jour où la Torah fut traduite en grec pour le roi Ptolémée est aussi néfaste que celui où Israël fabriqua le Veau d'Or » (*Massekhet Soferim*, 7-10), doit être replacée dans son contexte historique : elle exprime une réserve à l'égard de la Septante à partir du moment où cette traduction, faite par les Juifs pour des Juifs, est devenue, après l'anéantissement du judaïsme alexandrin au début du IIe siècle, exclusivement la Bible des chrétiens.

Écrivains juifs d'Alexandrie

La Torah des Septante est le premier, et le plus célèbre, représentant de la littérature judéo-alexandrine : toute une littérature en langue grecque, mais qui reste juive par son contenu et par les objectifs qu'elle se propose. Deux ouvrages s'attachent directement à la Torah des Septante. Le premier, la *Lettre d'Aristée à Philocrate*, nous propose un récit romancé de la traduction (cf. annexe 1, p. 149). Il est écrit par un Juif pour qui, selon la formule de Victor Tcherikover, « le judaïsme n'est autre chose qu'un hellénisme enrichi par l'idée d'un Dieu unique ». L'ouvrage est difficile à dater ; peut-être faut-il le placer dans la deuxième partie du règne de Ptolémée VIII Évergète II (v. 146-116 av. J.-C.). L'auteur de la *Lettre* se fait le défenseur de l'idée qui consiste à attribuer au roi Ptolémée II l'initiative de la traduction.

La même idée est également retenue par le philosophe judéo-alexandrin Aristobule, auteur d'un ouvrage exégétique dédié au roi Ptolémée VI Philométor, vers 176-170 av. J.-C. Déçu de ne trouver aucune trace de la Torah dans la pensée grecque classique dont il est pénétré, Aristobule attribue ce silence au « larcin » des Grecs et n'hésite pas à affirmer que déjà Pythagore et Platon s'inspiraient de la Bible juive ; il postule donc une traduction grecque, au moins partielle, antérieure à celle des Septante. L'idée est certainement chimérique, encore qu'un papyrus d'Oxyrhynchos (*P. Oxy.* XLI 2944) suggère aujourd'hui que des thèmes bibliques, en l'occurrence la fameuse scène du jugement de Salomon (I R 3,16-28), étaient connus en Grèce avant la mort de Platon.

Le chronographe Démétrios, qui vivait à Alexandrie à l'époque de Ptolémée IV Philopator (222-205 av. J.-C.), est le premier historien juif de langue grecque que nous connaissions. Il a écrit un ouvrage sur *Les rois de Judée*, dont six fragments nous sont parvenus. Sous l'influence d'Ératosthène de Cyrène, Démétrios rationalise à l'extrême l'histoire d'Israël en la présentant comme un enchaînement de chiffres, méthode qu'il considère sans doute comme la forme suprême de discours scientifique. Il suit le texte biblique dans la version des Septante, sa source unique, dont il est le premier témoin historique. Sa démarche se veut rigoureusement scientifique, c'est à dire « philologique » au sens alexandrin forgé par Ératosthène. Il est le précurseur de la chronologie juive traditionnelle.

La littérature judéo-alexandrine culmine dans l'œuvre du philosophe Philon (v. 20 av. J.-C. - 40 ap. J.-C.). Seule une partie subsiste de ses traités strictement philosophiques, en grec ou en version araméenne. Ses écrits politiques (*Contre Flaccus, Ambassade à Gaius*) éclairent l'histoire du judaïsme alexandrin au Ier siècle de l'Empire et celle des sectes juives, tels les esséniens et les thérapeutes. L'essentiel de son activité concerne l'exégèse des Écritures (dans le texte grec des Septante) qui vise à prouver, à l'aide de démonstrations allégoriques, la parfaite compatibilité de la Torah avec la raison grecque. L'influence de Philon sur les Pères de l'Église et son rôle d'intermédiaire entre la philosophie grecque et la théologie chrétienne sont indéniables, alors que les Sages du Talmud le passent sous silence. Des recherches récentes s'efforcent cependant de tracer des parallèles, sinon d'établir des liens, entre Philon et la doctrine rabbinique contemporaine.

Universalisme juif et universalisme romain

Avec la conquête romaine de l'Égypte par Octave, futur empereur Auguste, en 30 av. J.-C., commence pour le judaïsme alexandrin une période qui est à la fois celle de son apogée culturel, illustré avec éclat par l'œuvre de Philon, et celle de son déclin politique. Les Romains n'ont pas touché à l'autonomie religieuse et culturelle des Juifs. Mais la conquête a détruit la structure sociale qui permettait à ceux-ci de concilier le maintien d'une identité nationale avec l'appartenance à un groupe dominant. Dans l'Égypte des Lagides, les Juifs faisaient partie de la communauté des « Hellènes », groupe dominant des conquérants hellénophones. Après la conquête romaine, la micro-société des « Hellènes » s'est désagrégée et leurs descendants ont été reclassés dans des ordres de notables provinciaux par le biais d'une politique fiscale appropriée. Pour des raisons encore mystérieuses, les Juifs en ont été écartés. Aussi, la réduction de l'Égypte à l'état de province romaine signifie-t-elle pour eux le début d'une époque de déchéance.

La violence des affrontements entre Juifs et Grecs à Alexandrie au Ier siècle de notre ère porte la marque de ces bouleversements. Une première explosion se produisit pendant l'été 38, sous le gouvernement d'A. Avilius Flaccus, préfet d'Égypte bien connu pour ses excès grâce au témoignage de Philon (*In Flaccum*). Lors de l'ambassade à Rome sous sa présidence, Philon engage un combat devant l'empereur Caligula pour la défense des « droits politiques » des Juifs, leur *politeia* (*Leg. ad Caium*). Ce combat n'est pas une lutte pour l'émancipation ou pour l'égalité des droits civiques, notions anachroniques pour l'époque. La *politeia* que revendiquent les Juifs n'est pas une « constitution » ou une « citoyenneté » au sens premier du mot ; c'est la judéité elle-même, comme statut individuel et comme mode de vie conforme aux préceptes de la Torah.

À l'avènement de Claude au début 41 ap. J.-C., nous assistons à un procès dans lequel une ambassade juive affronte à Rome une ambassade grecque d'Alexandrie devant le tribunal impérial (*Caesariana cognitio*). Un certain universalisme grec, dont le porte-parole est le gymnasiarque alexandrin Isidoros fils de Dionysios, dénonce le particularisme juif incarné pour la circonstance par le roi de Judée Agrippa Ier. Le procès, connu par des fragments de papyrus, se termine par une sentence capitale à l'encontre d'Isidoros et de son compagnon, le greffier Lampon. Isidoros devient ainsi l'archétype du patriote héroïque, dont l'exemple sera suivi par d'autres « martyrs païens d'Alexandrie » (*Acta Alexandrinorum*). Le conflit s'aggrave sous le règne de Néron. En 66 ap. J.-C., un soulèvement juif éclate dans la ville ; il est écrasé sans merci par Tiberius Julius Alexander, neveu de Philon, qui exerce en ce temps-là la charge de préfet d'Alexandrie et d'Égypte. Flavius Josèphe parle à ce propos de 50 000 victimes juives à Alexandrie (*Bell. Iud.* 2, 490-497) ; le chiffre est sans doute exagéré, mais il est certain que l'année 66 fut une rude épreuve pour les Juifs alexandrins, autant que le pogrom de 38, sinon davantage.

Ces affrontements aboutissent, au début du IIe siècle ap. J.-C., à une dernière épreuve de force qui se termine par la destruction des communautés juives d'Alexandrie et d'Égypte. Pendant plus de deux ans, de l'été 115 ap. J.-C., fin du règne de Trajan, à août-septembre 117, début de celui d'Hadrien, une guerre acharnée soulève contre le pouvoir romain les Juifs en Cyrénaïque et en Égypte. Le bilan est désastreux pour le judaïsme alexandrin : l'anéantissement total. Les événements, leurs causes et leurs conséquences peuvent aujourd'hui être reconstitués grâce à l'éclairage que l'archéologie, pour la Cyrénaïque, et la papyrologie, pour l'Égypte, projettent sur les rares textes littéraires – païens, juifs et chrétiens – dont on disposait jusqu'alors.

Le principal de ces textes est une notice d'Eusèbe de Césarée qui se fait l'écho d'auteurs païens du IIe ou du IIIe siècle, difficilement identifiables pour nous (*Hist. eccl.* 4 : 2, 1-5.). La source d'Eusèbe parle des Grecs qui se replient à Alexandrie en fuyant les rebelles et s'en prennent aux Juifs alexandrins, empêchant ceux-ci de rejoindre leurs « compagnons d'armes ». Les papyrus aident à suivre l'escalade dont la source d'Eusèbe dessine la progression. Les désordres se multiplient à travers le pays ; très rapidement, ce qui n'était au début qu'un trouble local devient une véritable guerre. Marcius Turbo, envoyé spécial de l'empereur, massacre les rebelles juifs par milliers. En Mésopotamie, une mission analogue a été confiée à Lusius Quietus, dont le nom s'est maintenu dans la « guerre de Quietus » (*polemos shel Qitos*) des textes rabbiniques.

La postérité spirituelle du judaïsme alexandrin

La fin tragique du judaïsme hellénisé en Égypte aide à percer le mystère qui entoure les origines du christianisme dans ce pays. Les deux premiers siècles sont obscurs. Ce n'est qu'à l'extrême fin du IIe siècle que nous rencontrons son premier représentant historiquement connu, l'évêque Démétrios, un contemporain de Clément d'Alexandrie et d'Origène, qui passe pour avoir été le fondateur du Didascalée, célèbre école de catéchèse. Cette soudaine et relativement tardive émergence de l'Église alexandrine a beaucoup intrigué les historiens et suscité diverses réponses.

La première consiste à expliquer le silence qui entoure les débuts du christianisme en Égypte par le caractère hétérodoxe de celui-ci : la première Église alexandrine aurait été une Église gnostique et, après le triomphe de l'orthodoxie au tournant du IIe siècle, elle aurait été rétrospectivement condamnée à l'oubli. Cette thèse a rencontré une réaction critique des papyrologues et une autre explication, plus convaincante, a été proposée : si le christianisme primitif n'a laissé que peu de traces en Égypte avant la fin du IIe siècle, c'est qu'il a été un judéo-christianisme ; détruit pendant la révolte de 115-117 avec l'ensemble du milieu au sein duquel il était né, à savoir la communauté juive d'Alexandrie, il devait être remplacé au cours du IIe siècle par un christianisme d'origine païenne, grecque et égyptienne.

La thèse judéo-chrétienne rend mieux compte du « mystère » du christianisme alexandrin primitif que la thèse gnostique. Elle se reflète dans la tradition copte qui attribue à l'évangéliste Marc la fondation de l'Église d'Alexandrie. D'ailleurs, les deux thèses ne s'excluent pas, quitte à retenir l'idée d'une succession chronologique : à un judéo-christianisme initial succéderait, après la catastrophe de 115-117, une période de reconstruction pagano-chrétienne, marquée par une crise gnostique ; les tentations hétérodoxes surmontées, la communauté pagano-chrétienne pourra devenir, à la fin du IIe siècle, la base de la « Grande Église ». Du reste, la présence dominante d'une communauté judéo-chrétienne à Alexandrie n'empêche pas nécessairement l'existence parallèle de quelques foyers pagano-chrétiens.

Dans ce contexte, la révolte des années 115-117, qui annonce la séparation du judaïsme et du christianisme, apparaît en même temps comme le nœud d'une continuité qui rattache celui-ci à celui-là. Si l'on admet que la communauté judéo-chrétienne d'Alexandrie a disparu, avec l'ensemble de la diaspora juive en Égypte, dans la tourmente de la révolte, c'est aussi parmi les judéo-chrétiens d'Alexandrie qu'on devra chercher, à côté de quelques notables juifs, les rares survivants de cette communauté. C'est à eux que revient le mérite d'avoir sauvé du naufrage les œuvres majeures du patrimoine culturel judéo-alexandrin – la Bible des Septante et l'œuvre exégétique de Philon. Cette indéniable continuité spirituelle nous fait sentir toute la profondeur de l'abîme qui, sur le plan des réalités humaines, sépare le judaïsme hellénisé du christianisme gréco-égyptien reconstitué à partir de la gentilité. Détaché de ses racines, il ne tardera pas à revendiquer pour lui seul la qualité de « Vrai Israël ».

La révolte de 115-117 a mis fin à l'aventure grecque des Juifs d'Égypte ; elle a plongé dans un long silence les débuts du christianisme alexandrin. Le judaïsme alexandrin avait vécu. La question qu'il nous pose reste, aujourd'hui plus que jamais, d'actualité : comment, jusqu'à quelle limite et à quel prix est-il possible d'appartenir à deux cultures, à deux univers aussi différents dans leur manière de concevoir la place de l'homme dans le monde, face au divin et par rapport au reste de la création, que le rationalisme grec et le monothéisme juif ?

La Septante est née à Alexandrie

Marguerite Harl* et Cécile Dogniez**

C'est à Alexandrie que fut traduite en grec la Bible hébraïque. Il existait d'autres villes hellénistiques où résidaient des communautés juives, mais la nouvelle cité d'Alexandre était devenue, au IIIe siècle, la capitale économique du bassin méditerranéen, la métropole culturelle du monde hellénistique, qui comptait sur son territoire la colonie juive la plus importante à l'ouest de la Judée.

Il est difficile de connaître exactement l'origine de la Septante et vain de vouloir trancher entre le motif officiel ou le motif privé qui a présidé à l'entreprise de traduction : qu'elle soit issue d'un ordre du roi lagide Ptolémée, soucieux de connaître les règles et les coutumes des divers peuples qui lui étaient assujettis, ou qu'elle soit une réponse aux besoins liturgiques d'une communauté particulière, la traduction en grec de la Torah des juifs sut assurément satisfaire ce double intérêt, puisqu'elle rendait accessibles les lois de cette petite nation

* Professeur honoraire à l'Université de Paris IV-Sorbonne.
** Centre Lenain de Tillemont, CNRS/Paris IV-Sorbonne.

aux Grecs devenus curieux des « sagesses barbares » et permettait aux immigrants juifs ne connaissant plus l'hébreu de lire leurs textes sacrés dans la langue qu'ils utilisaient désormais dans leurs relations commerciales et, à côté de l'araméen, dans leur vie de tous les jours.

La Septante entre légende et histoire

La Bible grecque a sa propre légende rapportée dans la *Lettre d'Aristée à Philocrate* (cf. annexe 1, p. 149) qui lui a donné son nom et qui raconte avec éloges et enthousiasme la naissance miraculeuse de cette première traduction, mais elle a aussi son histoire. Le Pentateuque, c'est-à-dire les cinq premiers livres de la Torah, fut bien traduit à Alexandrie sous Ptolémée II Philadelphe (285-246) et, fait remarquable, l'entreprise s'est poursuivie sur deux, voire trois siècles. Sans pouvoir déterminer avec précision la date et le lieu de traduction de chacun des autres livres, l'examen du lexique ou des procédés de traduction permet de proposer une chronologie relative de la traduction et d'en établir une géographie vraisemblable : après la Loi, furent traduits à Alexandrie, au début du IIe siècle avant notre ère, le Psautier et, probablement par un même traducteur ou groupe de traducteurs, Ézéchiel, les Douze et Jérémie, suivis de la traduction des livres historiques (Josué, les Juges et les Règnes) et d'Isaïe ; les autres livres furent traduits plus tard, vers 150 avant notre ère, par exemple pour Daniel (on hésite sur le lieu de traduction), Job, Proverbes et Siracide. On situe en Palestine, aux alentours de notre ère, la traduction du Cantique des Cantiques, des Lamentations, de Ruth et d'Esther, puis celle de l'Ecclésiaste, peut-être due à Aquila. Bien que les livres n'aient pas tous été traduits à la même époque, au même endroit, ni par les mêmes traducteurs, l'on étendit alors le nom de Septante à l'ensemble des livres hébreux traduits en grec et encore à d'autres écrits non reçus dans le judaïsme palestinien ou composés directement en grec : des livres entiers comme la Sagesse ou des parties de livres comme les compléments à Esther, à Jérémie ou à Daniel.

Les révisions juives de la Septante

Les premiers traducteurs grecs disposaient d'un texte hébreu purement consonantique, sans la vocalisation ni la ponctuation que fixèrent beaucoup plus tard, à partir du IIe siècle de notre ère jusqu'au IXe siècle, les savants juifs massorètes ; pendant toute une période, circulèrent librement des exemplaires hébreux aux formes variées et corrigées; les textes découverts à Qumrân (cf. annexe 2, p. 151) nous confirment cette pluralité textuelle. Cela explique sans doute, en partie, les écarts de la Septante par rapport au texte hébreu reçu et justifie que, très tôt, on se soit mis, en milieu juif, à réviser cette Bible d'Alexandrie pour l'aligner sur l'hébreu. Si les premières tentatives de révision virent occasionnellement le jour en Égypte, elles devinrent plus systématiques en terre d'Israël où trois d'entre elles sont restées fameuses, celle de Théodotion et du groupe appelé Kaige, réalisée au début de notre ère, celle d'Aquila datée approximativement de 125 et celle de Symmaque, de la fin du second siècle, les deux dernières étant plutôt considérées comme de nouvelles versions.

De la faveur au rejet

Plus tard, aux IIIe et IVe siècles, face à la diversité des données manuscrites, des recenseurs chrétiens se proposèrent d'éditer le meilleur texte grec de la Septante. C'est ainsi qu'on parle de la recension hexaplaire issue des Hexaples d'Origène, du texte antiochien souvent attribué au martyr Lucien et du texte alexandrin, identifiable chez les Pères grecs d'Alexandrie.

Selon la légende, l'achèvement de la traduction de la Torah en grec fut accueilli par les acclamations de la communauté juive d'Alexandrie et Philon d'Alexandrie rapporte que l'événement était chaque année fêté dans l'île de Pharos. On dispose toutefois de fort peu d'informations sur l'usage de cette version grecque dans le judaïsme hellénophone. La communauté de Qumrân, où l'on a retrouvé plusieurs manuscrits de la Septante, devait apprécier cette version, comme le feront encore, aux Ier et IIe siècles de notre ère, les rabbins de Palestine favorables à la Loi prononcée dans la langue de Japhet, c'est-à-dire le grec. Mais dès l'instant où cette œuvre juive écrite par des juifs et pour des juifs fut annexée par la jeune secte chrétienne, la Septante fut rejetée et son usage remis en cause puis éliminé dans les années 90-130 ; mais pas l'usage de la langue grecque, lien indispensable entre la Palestine et la diaspora, puisque les nouvelles versions grecques, en particulier celle d'Aquila, se lisaient encore dans les synagogues au début du VIe siècle de notre ère.

Alexandrie, creuset des cultures

L'implantation des premières colonies juives en Égypte est bien antérieure à la conquête macédonienne ; elle remonte à la destruction de l'État judéen par Nabuchodonosor en juillet 587. Mais l'immigration juive se développe et connaît une vie nouvelle à l'arrivée d'Alexandre en Égypte. À Alexandrie, les juifs, installés en particulier dans le quartier Delta (l'un des cinq quartiers de la ville) où ils exercent non pas des « métiers juifs » mais toutes sortes d'activités, représentent le tiers de la population. Leur adhésion à la culture grecque, dont témoigne l'abandon progressif de l'araméen au profit du grec, n'entraîna toutefois ni perte d'identité ni assimilation. Bien que parlant grec au sein d'une société grecque, les Juifs d'Égypte restaient juifs, c'est-à-dire monothéistes et adeptes fervents du culte juif.

À de rares exceptions, ces Juifs d'Égypte ne sont pas des citoyens grecs et l'existence d'un *politeuma* (une communauté autonome) pour les juifs alexandrins hellénisés ne signifie nullement que leur étaient accordées l'autonomie et l'égalité des droits civiques avec les citoyens de la *polis* grecque. Face à l'Égyptien indigène, le *Ioudaios* est un hellène, au même titre que l'immigrant *Athènaios* ou *Makedôn* (Macédonien).

C'est sans aucun doute la curiosité si caractéristique de la culture alexandrine de l'époque et le souci chez les Ptolémées d'assurer la survie du passé et la mémoire de l'humanité qui expliquent que la traduction de la Septante ait pu constituer un tel événement dans le processus d'intégration des juifs en Égypte. Cet intérêt des Grecs pour l'histoire et les usages religieux des barbares n'était certes pas nouveau : l'engouement pour les sagesses orientales avait suscité de nombreux commentaires de cette poésie attribuée aux mages de Chaldée, qui mêle principes de physique grecque et savoirs zoroastriens sur l'astrologie et la magie. Les écrits hermétiques, que l'on suppose traduits des originaux hiéroglyphiques du dieu égyptien Thot assimilé à Hermès, circulaient déjà sous les Ptolémées ; produit typique du syncrétisme alexandrin, ce corpus fut réuni seulement plus tard, aux Ier et IIe siècles après notre ère, sous le nom d'Hermès Trismégiste.

Haut lieu d'échanges scientifiques internationaux, Alexandrie s'était dotée d'un véritable institut de recherches à la (dé)mesure du projet de Ptolémée Sôter : le Musée fondé par le philosophe athénien Démétrios de Phalère rassemblait dans sa bibliothèque la collection de livres la plus importante du monde méditerranéen ; rhéteurs, mathématiciens, philologues au sens large venaient y étudier et les philosophes eux-mêmes tenaient école dans ses jardins, bien qu'Athènes demeurât le centre incontesté de la vie philosophique jusqu'au Ier siècle avant notre ère.

Il fallut sans doute cet étonnant creuset des cultures et ce foisonnement intellectuel sans équivalent pour permettre à la Septante d'« ouvrir la Bible au monde ».

L'originalité de la Septante

La Septante est une œuvre doublement « originale », d'une part en ce qu'elle comprend un ensemble de textes plus large que celui de la Bible hébraïque et de sens souvent différent, d'autre part en ce qu'elle est à l'origine de commentaires juifs et chrétiens de langue grecque.

La version grecque des livres écrits en hébreu est inévitablement une nouvelle Bible. Comme toute traduction, elle n'est pas un pur décalque, qui serait un jargon privé de sens pour le lecteur ignorant la langue source. Les Septante n'ont pu reproduire à l'identique ni la syntaxe hébraïque, ni le lexique, ni le rythme qui soutient le sens des phrases. Ainsi, malgré de nombreuses trouvailles dans le choix de bons équivalents, le passage d'une langue sémitique à la langue de la civilisation hellénique a modifié la forme et le sens du texte. Que l'on pense aux divers noms propres du Dieu des Hébreux, au tétragramme imprononçable YHWH, aux formes *El, Eloah, Elohim*, aux appellations *El Shadday* ou *Sabaoth* ; le grec banalise ces titres sacrés en employant des termes d'usage courant dans le monde hellénique : *theos* (« Dieu », n'importe quel dieu), *kurios* (« maître »), *pantokratôr* (« tout-puissant »). Le récit de la création : le chaos initial, vide et désert, tohu-bohu, devient la matière « invisible et inorganisée » des philosophes. Banalisations, mais aussi ambiguïtés : le souffle divin, qui est également le vent, porte en grec le nom de *pneuma* qui peut certes nommer le vent, mais désigne surtout une composante de l'âme humaine, l'« esprit ». L'usage des mots de la philosophie commune à l'époque hellénistique n'entraîne cependant pas, comme on pourrait le croire, une hellénisation de la Bible : ces mots figurent dans des contextes où le sens biblique est préservé. Les Pères de l'Église ne s'y sont pas trompés qui ont pratiqué une lecture de la Septante par la Septante et ont éclairé les mots les uns par les autres.

En dépit du souci qu'ils avaient de rendre leur modèle phrase par phrase, presque mot par mot, sans l'augmenter de gloses comme le feront les targums araméens, les traducteurs ont interprété la Bible. Leurs divergences vis-à-vis de l'hébreu, qui ne sont pas toutes des erreurs de lecture, ni des « fautes » de traduction, peuvent s'expliquer de plusieurs façons : différence entre leur modèle et l'actuel texte hébreu ; autre vocalisation des consonnes ; permutation de consonnes ; enjambement d'une proposition sur la suivante ; actualisations diverses ; effacement ou atténuation de tours jugés impropres pour parler de Dieu. Les traducteurs disposaient d'une relative liberté et la tradition de lecture des racines hébraïques n'était pas contraignante. Du reste, les procédés exégétiques mis en œuvre par les Septante seront plus tard codifiés dans les traités rabbiniques.

Bien d'autres écarts qui font l'« originalité » de la Septante ont pour objet de mettre le texte sacré en accord avec les convictions des communautés de l'époque ; le caractère violent des prophéties est par exemple adouci ou transposé selon des valeurs morales : si Dieu menace de destruction, ce n'est pas contre l'humanité entière mais contre les impies qui ne suivent pas la Loi. Dieu est miséricordieux. Comme d'autres écrits juifs de ce temps « intertestamentaire », la Septante témoigne ainsi de l'espérance juive à l'époque hellénistique.

Le rôle et l'influence de la Septante

Toute traduction a pour but de faire connaître à un plus vaste public une œuvre qui lui échapperait pour des raisons de langue. Peut-on dire que la Septante soit parvenue à cette fin ? A-t-elle ouvert au monde grec les livres sacrés des juifs ? Il est difficile de l'affirmer car elle ne semble pas avoir été diffusée dans le monde païen, à de très rares exceptions près.

Dans le judaïsme, si nous savons peu de choses sur son usage pour la lecture liturgique, nous pouvons en revanche affirmer qu'elle a exercé une grande influence sur plusieurs écrivains juifs de langue grecque : elle a été notamment le texte de référence de Philon d'Alexandrie, au début de notre ère. Ce savant, à la fois fidèle à la tradition de ses pères et nourri de philosophie grecque, a lu la Torah dans la version des Septante, jusqu'aux moindres détails de sa rédaction ; il en a tiré les arguments de ses riches développements philosophiques et religieux.

Le rôle de la Septante fut surtout décisif dans la formation de la première littérature chrétienne. Dès les écrits que l'on réunira sous le nom de « Nouveau Testament », rédigés en grec, les citations du premier Testament y sont faites selon le grec de la Septante, parfois sous une forme révisée, plus proche de l'hébreu. Les grandes affirmations théologiques sur le Dieu unique, sur sa Parole (le Verbe, *Logos*), sur son Esprit (*pneuma*), sur le salut apporté aux Nations et la constitution d'une Église universelle prennent appui sur des formules de la Septante. La Septante a fourni aux premiers chrétiens leur langue religieuse, même si le sens des mots est désormais infléchi par leur conviction que les annonces messianiques ont été réalisées par la venue de Jésus et que sa résurrection donne à tous l'espérance d'une vie future. L'unité des deux « Testaments » est ainsi établie par l'unité de langue. La copie sur un même manuscrit du IVe siècle – le *codex Vaticanus* grec 1209 – de la Septante et du Nouveau Testament manifeste clairement cette continuité. Telle était la Bible des Églises anciennes en Orient, comme aujourd'hui encore pour les Églises de rite grec.

Au cours des quatre premiers siècles, les Pères grecs, fondateurs des doctrines et de la piété chrétiennes, n'ont pas connu d'autre source biblique que la Septante. Dans leurs œuvres de démonstration de la vérité évangélique, comme dans leurs essais théologiques ou leur prédication, c'est en son texte qu'ils ont trouvé leurs preuves (les *testimonia*) et certaines de leurs formulations. Les plus savants d'entre eux, comme Origène et ses successeurs, ont étudié ce texte avec une grande acribie, un profond respect de la foi des anciens Hébreux, même s'ils pensaient que celle-ci était une simple « préparation » à la foi chrétienne.

Les communautés chrétiennes adoptèrent pleinement la prière juive, en utilisant la version grecque des Psaumes pour la liturgie des fêtes. Les ascètes, les martyrs et les moines firent leurs les expressions de la Septante qui disaient le dialogue des patriarches et des « saints » de l'Ancien Testament avec leur Dieu.

En Occident, le plus grand des Pères latins, Augustin, travaillera encore sur une version latine de la Septante. Et quand Jérôme, découvrant les divergences entre cette version et le texte hébreu, proposera une nouvelle traduction faite à partir de l'hébreu, où, dit-il, se trouve la vérité, il continuera à comprendre le sens spirituel des prophéties comme la tradition lui a appris à le faire, à partir de la Septante.

Le Moyen Âge occidental adoptera peu à peu la « vulgate » de Jérôme, mais le Psautier de l'Église restera celui qui avait été traduit, avant Jérôme, à partir de la Septante. Les chrétiens d'aujourd'hui savent-ils qu'ils doivent les mots de leur prière, par-delà le latin, à un traducteur juif vivant à Alexandrie avant notre ère ?

Les livres hellénistiques, une écriture en prise sur son temps

Marie-Françoise Baslez*

Plus encore que les livres des Rois ou les chroniques d'époque perse, les livres bibliques de l'époque hellénistique (IVe-Ier siècle av. J.-C.) s'enracinent dans l'actualité et dans l'histoire. Les livres de Sagesse répondent à la situation historique du Juif de cour, mise en scène dans le passé, au prix d'une transposition romanesque, par les auteurs des livres de Tobit, d'Esther ou de Daniel. Les deux livres des Maccabées racontent, sous des angles différents, le conflit qui opposait à propos du Temple les Juifs traditionalistes de Jérusalem et le roi séleucide, Antiochos IV.

Ecrivant en situation, les auteurs de Sagesse fournissent un certain nombre de données autobiographiques, qui permettent de les caractériser socialement. Le Qohéleth laisse deviner son existence de riche lettré, vivant dans un grand domaine bien irrigué, entretenu par de nombreux esclaves, ce que le Sira-

* Professeur d'histoire ancienne à l'université de Paris XII.

cide, qui procède du même mode de vie, désigne par le nom perse de « paradis ». Ce dernier apparaît plus marqué encore par les usages grecs, la vie de relations et les pratiques de convivialité. Il connaît les cours royales, les intrigues qui s'y tissent et la précarité du statut de courtisan. Aux Juifs de cour, dont il a fait partie, il conseille de conforter leur foi en s'attachant au Temple et au sacerdoce. À une société en phase d'ouverture et de mutations, il dénonce ces éléments subversifs que sont les voyageurs, les trafiquants, voire les femmes… Le Juif d'Alexandrie qui écrivit la Sagesse de Salomon à la fin du Iᵉʳ siècle est plus discret sur lui-même, mais sa critique de l'hellénisme se focalise très précisément sur des manifestations caractéristiques de l'époque d'Antoine et de Cléopâtre : le dionysisme et les associations bacchiques, l'émulation entre familles de notables qui propage le culte des défunts héroïsés, la xénophobie et le début de l'antijudaïsme égyptiens. L'« idolâtrie » des païens n'est donc pas traitée de façon uniforme ni répétitive, mais précisément analysée en un temps et en un lieu donné. Les auteurs sont en prise sur leur temps.

Des auteurs politiquement engagés

C'est encore la situation du Juif de cour que visent les auteurs de romans historiques. Romans historiques et romans pieux, tout à la fois. Le livre de Tobit, composé entre la fin du IVᵉ et le début du IIᵉ siècle, réactualise les vicissitudes du courtisan Ahiqar, figure universelle du Proche-Orient. Le livre de Daniel, écrit au plus fort du conflit avec les rois grecs, vers 164, évoque, dans sa partie romanesque, ces jeunes Juifs élevés dans une cour étrangère pour occuper de hautes fonctions, qui perdent jusqu'à leur nom hébreu et doivent assumer leur double identité. Toute cette littérature propose et défend des repères identitaires pour éviter que l'hellénisation n'entraîne l'apostasie : le mariage entre soi, la lecture de la Bible, le jeûne et la prière, la séparation à table, les fêtes et les pèlerinages au Temple.

Les auteurs bibliques de cette époque sont des écrivains politiquement engagés, outre leur objectif religieux. Dans leur œuvre de circonstance, ils esquissent une modélisation du pouvoir qui sera durable : le mauvais souverain est caractérisé par ses provocations et son arrogance contre Dieu ; il crée des situations de crise qui mènent à l'apostasie ; il est révélé par sa mort infamante. En privilégiant les modèles et les traditions de l'Orient, ils nourrissent une résistance culturelle qui accompagne et soutient la guerre de libération de Judas Maccabée. Les apports de l'hellénisme sont pris en compte, mais il s'agit d'en limiter les effets et, surtout, d'en contester la valeur de modèle dominant.

On possède deux histoires de la guerre des Maccabées. La plus ancienne fut composée dans la diaspora d'Égypte par Jason de Cyrène, un Juif hellénisé, et on en fit un abrégé avant 125. L'auteur a pour but de renforcer la solidarité entre la diaspora et le Temple, comme le montre le dossier épistolaire qui accompagne l'abrégé. La plus récente date de l'apogée des grands-prêtres asmonéens, vers 100, et l'auteur, un scribe du Temple, s'attache à l'histoire glorieuse de cette famille qui mena la guerre de libération avant de mettre en place un état juif indépendant. Celui-ci écrit une histoire politique, alors que Jason de Cyrène s'attache davantage aux enjeux théologiques et culturels. Tous deux font réellement œuvre d'historien et citent intégralement un grand nombre de documents, dont on a pu vérifier l'historicité même s'ils ont été réorganisés. Mais leur lecture des événements est différente, puisque le scribe du Temple attribue la responsabilité du conflit au seul roi séleucide et à l'oppression impérialiste ; au contraire, Jason de Cyrène met en cause certains Juifs de Jérusalem, en relevant les tensions entre traditionalistes et Juifs hellénisés. Ainsi la Bible n'exprime pas une pensée unique, mais reflète, dans la constitution de la collection, le point de vue de différentes communautés. Les deux livres des Maccabées ne se complètent ni ne se juxtaposent.

Ce sont bien plus que de simples chroniques. Ils ont fourni des modèles et des références identitaires durables et ils ont même créé une tradition littéraire : les Juifs d'Alexandrie composèrent par la suite un troisième livre des Maccabées pour rendre compte des persécutions locales et l'on en produisit ailleurs un quatrième, sans doute à Antioche.

C'est aussi le deuxième livre des Maccabées et le livre de Daniel qui ont fondé la première théologie du martyre, particulièrement développée dans les versions grecques. À ce titre, les deux premiers livres des Maccabées ont leur place dans les Bibles chrétiennes, alors que le canon hébraïque n'a conservé de cette période que le livre de Daniel et celui d'Esther.

Produits de la révolte contre les rois grecs, le livre de Daniel et le deuxième livre des Maccabées manifestent un sens nouveau de l'histoire. L'histoire universelle, à travers la succession des empires, est perçue comme une décadence continue, qui culmine à l'époque grecque, sous le règne d'Antiochos IV, le profanateur du Temple, le pire des rois. Les grandes visions apocalyptiques du livre de Daniel inaugurent une conception nouvelle de l'histoire : embrassant le passé, le présent et l'avenir dans une perspective continue, dont elle révèle la fin ultime ; c'est une histoire linéaire, différente de celle des Grecs, qui était conçue comme un perpétuel recommencement. Elle s'inscrit dans le plan de Dieu, qui est pensé comme le combat entre le bien et le mal. Pour la première fois, le temps est totalement maîtrisé et un terme est posé à l'histoire des hommes.

Œuvres de circonstance, rédigés par des notables engagés eux-mêmes dans l'action politique ou proches du pouvoir, les livres bibliques de l'époque hellénistique n'en ont pas moins été le support d'une théologie nouvelle.

IV

Aux origines du Nouveau Testament

Les chrétiens et la Septante

Hugues Cousin*

Trois siècles avant la prédication de Jésus de Nazareth, le judaïsme a « ouvert la Bible au Monde » en traduisant la Torah en grec. Il procédait ainsi à l'inverse des autres religions qui n'autorisent la lecture de leurs Écritures sacrées que dans leur langue originale. Pour le christianisme, l'existence de cette traduction grecque fut décisive.

Sous la pression (fort probable) du pouvoir politique lagide qui avait ses propres motivations, une partie très importante de la diaspora juive a usé d'une Bible en langue grecque, sans que le pouvoir central du Temple puisse y faire obstacle.

Dans un article précédent (cf. supra p. 102), Mme Harl et Mme Dogniez rappellent justement que les traductions grecques d'ouvrages bibliques furent faites à Alexandrie sur des textes hébreux qui différaient plus ou moins de celui qui allait être progressivement normalisé et canonisé par le judaïsme palestinien. Par la suite, dès lors que s'officialise une forme du texte hébreu – ce qui deviendra le texte massorétique –, le

* Exégète, directeur de la rédaction des Suppléments des Cahiers Évangile.

judaïsme veut, de façon compréhensible, combler les écarts qui existent entre son texte et la traduction alexandrine. C'est pourquoi, dès le début du Ier siècle de notre ère, en Palestine, le texte de la Septante des Douze « petits » Prophètes est alors corrigé en fonction de ce texte hébreu standard, et d'autres ouvrages sont aussi révisés ; c'est la version de Théodotion. Au IIe siècle, l'entreprise de révision tourne même à des retraductions ; celle d'Aquila est servilement littérale, quand Symmaque en offre une expression à la fois littéraire et fidèle au texte hébreu reçu.

Soyons clairs : ce qui est fondamental pour le Nouveau Testament, puis pour les Pères de l'Église, ne réside pas, ou fort peu, dans ces écarts de la traduction faite à Alexandrie. C'est d'abord l'existence même d'une traduction de la Bible en grec, la langue de communication de tout le bassin oriental de la Méditerranée ; la Septante permet la diffusion du christianisme en présentant l'Écriture aux incirconcis cultivés, à tous ceux qui lisent ou, simplement, comprennent le grec. Et c'est, dans le même mouvement, l'existence même d'un vocabulaire grec travaillé pour exprimer la foi juive.

Un apport décisif pour les chrétiens : le vocabulaire de la Septante

La Septante offre aux Églises un champ lexical élaboré, un ensemble structuré de concepts, qui jouera son rôle jusque dans la Vulgate, la traduction latine appelée à devenir le texte officiel de l'Église d'Occident. La richesse d'un terme hébraïque peut ainsi passer dans l'équivalent grec choisi : le mot *kavod*, « poids, importance, éclat » est rendu par le terme *doxa*, « apparence, [bonne] opinion, prestige », dont il fait comme un mot nouveau désignant souvent Dieu et son action : « Gloire à Dieu… » Parfois la traduction conduit, à l'inverse, à une compréhension nouvelle du terme hébreu. Le mot *torah*, « instruction, enseignement », n'est pas traduit par son équivalent grec *didachè*, mais par *nomos*, « loi, prescription » ; l'aspect légaliste de la vie dans l'alliance est ainsi accentué – tout comme il l'est d'ailleurs dans la tradition des sages, des rabbins…

Les termes grecs *chriein*, « oindre », et *christos*, « oint, christ » rendent habituellement les mots de la racine *mch h* ; depuis vingt siècles, leur influence est sensible : on parle du « Christ », des « chrétiens ». Il est intéressant de regarder Ps 44 (45), 8 (« Dieu, ton Dieu t'a oint ») et Is 61, 1 (« L'Esprit du Seigneur est sur moi, c'est pourquoi il m'a oint »), car ces textes sont importants pour la christologie néo-testamentaire, comme l'indiquent les citations qu'en font Lc 4, 18 et He 1, 9. Le fait que la version grecque d'Aquila emploie, dans ces deux cas, la racine grecque *aleiphein*, « oindre » (d'où provient *èleimménos*, « oint ») indique que le traducteur juif du IIe siècle après notre ère a évité un vocabulaire devenu spécifique aux chrétiens. Mais ces derniers auraient fort bien pu s'accommoder d'une Bible grecque usant du terme *aleiphein* : leur vocabulaire aurait été modifié (on aurait parlé de Jésus-Éleïmène !), non leur foi ; et c'est Aquila qui aurait introduit *chriein*…

Dans l'appropriation chrétienne de l'Écriture, le terme *kurios*, « maître, seigneur », joue un rôle éminent. N'étant plus prononcé, sinon dans des circonstances exceptionnelles, le tétragramme divin YHWH est remplacé dans la lecture par le terme hébreu *adonaï*, traduit lui-même par *kurios* dans la Septante, qui emploie souvent ce dernier vocable sans article, tel un nom propre. Cela permet à la génération apostolique d'appliquer au Christ le texte de Is 40, 3 qui, en hébreu, mentionne YHWH : « Une voix crie dans le désert : Préparez le chemin du Seigneur » (Mc 1, 3) ; et ce procédé devient très courant chez les Pères de l'Église. Le tétragramme est parfois aussi rendu par *ho théos*, « Dieu ». Les Pères n'en ressentent aucune gêne : dans la dualité des Noms divins, ils voient la désignation du Père (*ho théos*) et du Fils (*kurios*). L'exemple le plus célèbre et d'une portée christologique considérable est l'emploi du Ps 110. Celui-ci s'ouvre ainsi en hébreu : « Oracle de YHWH à mon seigneur » (le roi de Jérusalem qu'on intronise). La Septante traduit : « Le seigneur a dit à mon seigneur »... En citant ce psaume dans cette version (Lc 20, 42), Jésus laisse entendre que le roi messianique participe à la seigneurie de Dieu.

Par la suite, les Pères de l'Église reprendront abondamment la christologie ainsi dégagée de la version alexandrine du Ps 110. Notons pourtant que cette dernière n'est pas à l'origine de cette avancée décisive puisque, dans la lecture et la récitation du psaume hébreu, les juifs de Palestine remplaçaient YHWH par *adonaï*, « seigneur » Et le même phénomène existait en langue araméenne...

Quoique de grande portée, le vocabulaire de la Septante n'est pas ce qui a rendu possible le christianisme. La réflexion théologique de celui-ci et la diffusion de sa lecture scripturaire auraient pu se réaliser tout aussi bien avec d'autres choix lexicaux.

Deux interprétations différentes

La Torah orale, reçue par Moïse au Sinaï puis transmise par tradition, a pour rôle d'actualiser la Torah écrite (la Loi) en fonction des réalités changeantes de l'existence. Or, l'évolution de la Torah orale dépend étroitement de l'exégèse du texte biblique. Pour exprimer la vérité cachée dans ce dernier, l'exégèse obéit à des règles herméneutiques codifiées progressivement par les rabbins : les sept règles de Hillel (Ier siècle avant notre ère), les treize règles de Rabbi Ismaël (vers 100-130), puis les trente-deux règles de R. Éliézer ben Yossé ha-Gelili… Il nous suffit ici de retenir un seul point, capital : la mise en œuvre de cette exégèse nécessite le texte hébreu ; une traduction, à plus forte raison dans une langue non sémitique, ne peut en aucun cas faire l'affaire.

Tout aussi minutieuse et subtile, l'exégèse de la version grecque n'opère pas de la même manière. Née à Alexandrie, elle emprunte aux philologues et philosophes qui interprètent Homère et Hésiode – les « bibles » du monde hellénistique – en entendant, eux aussi, autre chose que ce que le texte exprime en clair. Mais la recherche du sens caché prend une tout autre voie : celle-ci, au Ier siècle de notre ère, se nomme l'allégorie. Alors, pour présenter une explication globale et unifiée de la Loi de Moïse dans la version de la Septante, le juif Philon d'Alexandrie (première moitié du Ier siècle) applique les procédés de l'allégorisation, usant ainsi d'outils fort différents de ceux des rabbins. Deux siècles plus tard, le chrétien Origène reprend ces mêmes outils ; il diffère de Philon en ce qu'il interprète évidemment le texte de la Septante à la lumière du Christ. Pourtant, la distance herméneutique est plus grande, et le fossé plus large, entre Philon et les rabbins, qu'entre Origène et Philon. Cela provient de la langue et du contexte culturel dans lequel est lue la Septante, et non des écarts entre celle-ci et le texte hébreu reçu.

« La vierge concevra »

Telle qu'elle apparaît dans le *Dialogue avec Tryphon* (cf. annexe 3, p. 153), rédigé par Justin vers les années 150-160, la critique des rabbins porte en partie sur la teneur de la Bible (grecque) utilisée par les chrétiens. On en déduit souvent que les écarts entre la Septante et le texte hébreu reçu ont grandement facilité l'envol du christianisme. En réalité, ces écarts n'ont pas profité autant qu'on l'imagine à l'Église ancienne.

Dans le Nouveau Testament comme chez les Pères, le meilleur exemple d'un tel écart est fort connu : c'est l'emploi du mot grec *parthenos*, « vierge », en Is 7, 14 (la Septante), qui sera repris avec une visée théologique très forte par les évangiles de l'enfance de Matthieu et de Luc. Du coup, les rabbins de langue grecque vont utiliser au IIe siècle le terme *neanis*, « jeune fille » pour récuser que la naissance virginale de Jésus soit annoncée par le texte prophétique. La lecture du *Dialogue* de Justin atteste que le terme choisi pour traduire le texte hébreu n'a rien d'un point de détail pour les juifs comme pour les chrétiens !

Les versions de la Bible citées par le Nouveau Testament

Le Nouveau Testament est rédigé en grec. S'il cite majoritairement l'Ancien Testament selon la Septante, il n'en fait pas pourtant un emploi exclusif. Regardons les deux épîtres aux Corinthiens. Paul y cite explicitement l'Écriture vingt-quatre fois, la plupart du temps selon la Bible d'Alexandrie. Il cite le texte hébreu plus rarement, adapte parfois et use à l'occasion d'une traduction qui préfigure Aquila et Théodotion.

Il vaut la peine d'examiner la façon dont Matthieu 12,18-20 cite Isaïe 42, 1-4, en mêlant le texte hébreu reçu et celui de la Septante. Suivre le verset 1a-b dans l'hébreu permet à l'évangéliste d'écarter l'interprétation collective de la figure du serviteur et d'appliquer l'oracle à Jésus le Christ. En revanche, pour le verset 4c, il suit la Septante en raison de son universalisme. Quant au mot « bien-aimé » (Mt 12, 18 b), il ne provient ni de l'hébreu ni du grec, mais de la voix céleste dans l'épisode du baptême de Jésus (Mt 3, 17).

La citation d'Isaïe 42, 1-4 a donc fait l'objet d'un travail exégétique poussé, qui profite au mieux des différentes versions… Quand le besoin s'en fait sentir, Matthieu choisit l'hébreu. C'est encore le cas en Mt 2,15 où la fuite en Égypte accomplit la parole prophétique « D'Égypte, j'ai appelé mon fils » (Os 11,1). La Septante ici est inutilisable, car elle interprète ce dernier terme dans un sens collectif : « … j'ai appelé ses enfants ».

Devant l'assemblée de Jérusalem (Ac 15,16-17), Jacques cite notamment la Septante d'Amos 9,11-12 (mais non sans s'en éloigner !), car elle annonce l'universalisme du salut en écartant la perspective plus nationaliste présente dans le texte hébreu. On se gardera pourtant d'imaginer que, sans ce verset de la Bible grecque, la communauté n'aurait pas pu opérer cette mutation. On peut fort bien ne pas disposer de citation du tout ! Selon l'auteur de l'épître aux Éphésiens, l'Écriture fait silence sur l'Église en tant que corps du Christ réunissant en son sein juifs et incirconcis ; pour exprimer cette réalité déroutante et imprévisible du dessein de Dieu alors même qu'elle n'est pas annoncée par les Écritures, Ép 3,3-6 fait donc appel à la catégorie du « mystère », empruntée à Dn 2.

La foi en la résurrection des morts, soulignée dans la Septante, est évidemment essentielle pour les chrétiens (comme pour les rabbins). En Ac 2, 25-31, Pierre argumente à partir du Ps 15 (16), 8-11 selon la Septante. Notons cependant que le glissement de sens qui fait passer de la « fosse » (texte hébreu) à la « corruption » est repris par les traductions d'Aquila et de Théodotion. De façon plus générale, il faut rappeler ce fait capital : dans le christianisme primitif comme dans le judaïsme, la citation scripturaire vient toujours illustrer une foi ou une pratique communautaires, mais elle ne la fonde jamais ; elle est toujours seconde.

La Bible des Pères de l'Église

Dans le monde grec, la Septante est la Bible lue dans la liturgie et commentée par les Pères. En Occident, lorsqu'on abandonne le grec pour le latin, on traduit la Septante ; de là naît la version « vieille latine ». C'est seulement vers 400 que Jérôme, tenant de la *veritas hebraïca*, fonde sa traduction latine sur le texte hébreu reçu – même s'il intègre nombre de deutérocanoniques en langue grecque, ainsi que certaines particularités de la Septante, telle « la vierge » de Es 7 14. Par la suite, cette Vulgate devient normative pour l'Église d'Occident.

La Septante est donc la Bible de l'Église ancienne. Pourtant cette affirmation générale demanderait à être précisée.

À titre d'exemple, voici deux faits qui se rencontrent chez Justin vers les années 160.

Lorsque ce dernier reproche aux « docteurs » juifs d'avoir tronqué les Écritures, il ne se contente pas de citer le célèbre passage sur la « vierge ». Il cite quatre prophéties sur la passion du Christ (*Dialogue* 71-72). Or trois de ces quatre textes n'appartiennent ni au texte hébreu, ni à la Septante, ni à d'autres versions de la Bible…

L'une de ces gloses chrétiennes aura une importance certaine dans la tradition : elle lit ainsi Ps 95 (96), 10 : « Dites parmi les nations : le Seigneur a régné *du haut du bois*. » Mais tout en reprochant aux rabbins de tronquer les Écritures, ce même Justin évite d'argumenter à partir des livres deutérocanoniques (propre à la version grecque). Et lorsqu'il cite les Douze « petits »

Prophètes, il le fait non d'après la Septante, mais d'après la forme révisée par Théodotion dans les années 30-50.

Quant au livre de Daniel, les Églises adoptent la révision de ce livre par Théodotion, qui suit de près les textes hébreu et araméen, au détriment de la vieille Septante de ce livre.

Qu'en est-il des textes messianiques ?

La Septante témoigne-t-elle d'une lecture messianique ayant joué un rôle essentiel dans l'application de nombreuses prophéties à Jésus ?

Considérons la citation de Dt 28,66 faite par Origène dans le *Contre Celse* (II,75) pour reprocher aux juifs leur incrédulité à Jésus : « En vous s'accomplit la prophétie : "Votre vie sera comme en suspens devant vos yeux, et vous ne croirez pas à votre vie", car vous n'avez pas cru à la Vie venu habiter parmi les hommes. » La *vie* désigne Jésus Sauveur et le verbe *pisteuein* prend le sens fort de « croire ». Cette messianisation du passage ne vient pas de la Septante ; elle est totalement du côté du récepteur-lecteur chrétien. Un tel phénomène n'est pas rare dans le Nouveau Testament et chez les Pères.

Si Mme Harl a fourni une « liste de versets qui révèlent un processus de messianisation dans la version grecque ou qui ont facilité une lecture messianique », elle en a aussi dressé une autre des versets de la Septante qui n'ont pas facilité une telle lecture. Le texte d'Is 9 est l'un des grands textes messianiques. Or sa traduction grecque est un beau cas de non-messianisme (ce n'est pas le seul) : quand, dans le texte hébreu, la titulature de l'enfant royal comprend cinq noms de couronnement, la Septante n'en connaît qu'un. Visiblement, le traducteur – ou le texte hébreu qu'il avait sous les yeux – a reculé devant le titre « Dieu fort », strictement divin. Cela va grandement étonner les Pères de l'Église, notamment saint Jérôme.

En fait, l'Église ancienne n'a pas besoin d'un texte davantage messianisé. Redisons-le : le point de départ de la réflexion croyante au Ier siècle, qu'elle soit juive ou chrétienne, n'est pas le texte scripturaire, mais la foi de la communauté lectrice ; appuyer et illustrer cette foi en référence à l'Écriture est second (mais non secondaire). Pour la lecture ecclésiale, n'importe quelle version de la Bible aurait fait l'affaire et la tradition chrétienne aurait fort bien pu se développer à partir d'un texte plus proche du texte hébreu reçu. Nous avons donné ci-dessus deux exemples opposés qui le montrent. D'un côté, l'importance prise, dans la lecture patristique, par certaines gloses absentes tant du texte massorétique que de la Septante ou de certaines traductions ; souvent l'exégèse chrétienne n'a pas besoin d'un appui cohérent pour prendre son envol. De l'autre surtout, le fait que Jérôme fonde sa version latine sur le texte hébreu reçu (même moyennant quelques aménagements) et que cette Vulgate va devenir normative pour l'Église d'Occident.

La tradition chrétienne aurait fort bien pu se développer à partir d'un texte grec très fidèle au texte hébreu que nous lisons aujourd'hui.

À l'origine fut la lettre...

Daniel Marguerat*

Les premiers chrétiens ont sans doute rassemblé assez tôt, dès les années 40, des collections de paroles de Jésus, des séries de paraboles, des cycles de miracles. Les premiers documents achevés qu'ils ont produits sont toutefois des lettres, avant que n'apparaisse le premier évangile, celui de Marc, juste avant 70. À l'origine du christianisme fut la lettre.

Les plus anciens documents chrétiens à nous être parvenus sont des lettres de l'apôtre Paul. Sur les vingt-sept livres que compte le Nouveau Testament, bien peu méritent le nom de « livre ». Il s'agit en majorité de lettres : vingt-et-un au total ! La plus ancienne date de l'an 50 ou peut-être du début 51. Paul, Sylvain et Timothée l'ont adressée à l'église de Thessalonique depuis Corinthe, où Paul réside ; Timothée lui a rapporté la nouvelle préoccupante des pressions que subissent dans leur foi les croyants de là-bas (1 Thessaloniciens 2,13-16). La lettre la plus récente du Nouveau Testament est une

* Professeur de Nouveau Testament. Faculté de théologie, université de Lausanne.

épître rédigée par un disciple de « Syméon Pierre », et qui écrit sous le nom du vénérable apôtre (2 Pierre 1,1) ; cette exhortation porte les traits d'une époque bien plus tardive, le début du IIe siècle.

Une présence en différé

À quoi attribuer le primat de la lettre ? Paul de Tarse – puisqu'il est l'auteur principal de cette correspondance – n'écrit pas de sa propre initiative. Il intervient sur demande, comme à Corinthe où les « gens de Chloé » l'ont averti des graves tensions qui agitent la communauté (1 Corinthiens 1,11), mais où, aussi, l'apôtre répond à des billets qu'on lui a fait parvenir à Éphèse (1 Co 7,1) ; on sollicite l'avis de l'apôtre-fondateur sur des questions de mariage, de consommation de viandes ou sur les dons de l'Esprit. Paul n'est pas interventionniste. Sa pratique, une fois qu'il a fondé une Église locale, est de partir en laissant à la communauté la responsabilité de diriger sa vie. Mais l'apôtre est rattrapé par les problèmes d'identité que cette nouvelle chrétienté peine à résoudre, et pour laquelle il n'a laissé ni règle, ni consigne.

On a souvent dit que la lettre était un substitut de présence. Elle confère à l'apôtre, par la parole qu'elle véhicule, une forme d'être-là. La lettre assure une présence en différé, et véhicule avec elle l'autorité de qui l'adresse. Elle permet aussi l'audace et la fermeté d'un discours qu'on ne tiendrait pas de vive voix. Paul ne se gêne pas d'envoyer au diable ses concurrents en Galatie, qui prônent le retour des chrétiens à la circoncision : « Qu'ils aillent jusqu'à se mutiler tout à fait, ceux qui sèment le désordre parmi vous ! » (Galates 5,12). On lui reprochera d'ailleurs son ton à Corinthe : lui si humble quand il est présent, dit-on, quelle hardiesse quand il écrit de loin (2 Corinthiens 10,1) ! Car lorsqu'il se défend contre ceux qui taxent de médiocrité son ministère, l'apôtre des Gentils adopte le ton de la passion. L'écrit amplifie l'écho de son indignation : les chapitres 10-13 de 2 Corinthiens sont les pages les plus volcaniques du Nouveau Testament.

Dire que Paul prend la plume n'est pas une formule appropriée. Comme la plupart des épistoliers de l'Antiquité, il a recours à un secrétaire à qui il dicte son texte. L'homme qui a pris sous dictée l'épître aux Romains s'est d'ailleurs signalé en note : « Je vous salue, moi Tertius, qui ai écrit cette lettre, dans le Seigneur » (Romains 16,22). C'est le seul cas où l'un des secrétaires de l'apôtre intervient personnellement et se nomme. Qu'il se soit senti autorisé à le faire, note Jerome Murphy O'Connor, en dit long sur son rapport avec l'apôtre : aucun professionnel engagé pour l'occasion n'aurait pris pareille liberté. Tertius devait donc être un collaborateur de Paul bien plus qu'un esclave copiste. Fut-il encore plus que cela ? J'y viendrai. Notons qu'à d'autres moments, Paul lui-même intervient sur le document en attirant l'attention sur le changement d'écriture : « Voyez ces grosses lettres, je vous écris de ma propre main » (Galates 6,11). « La salutation est de ma main, à moi Paul » (1 Corinthiens 16,21). Cette initiative ne résulte pas d'un caprice : l'Antiquité connaît de telles notations dans une section autographe en conclusion de l'écrit, garantissant que l'auteur a relu le dernier état du texte et en assume la responsabilité.

Auteur et secrétaire

Comment imaginer la rédaction d'une lettre au Ier siècle ? Dans l'éducation gréco-romaine de niveau supérieur, on apprend à écrire à l'école ; l'apprentissage de l'écriture comprenait obligatoirement la dictée. Mais peu de lettrés savaient pratiquer l'écriture rapide ou tachygraphie – c'était la sténographie de l'époque. Il a été retrouvé à Murabba'at, en Palestine, un manuscrit du IIe siècle couvert de symboles sténographiques permettant l'écriture abrégée. On prenait sous dictée en se servant de tablettes en bois recouvertes de cire. Le stylet pointu incisait les lettres sans être freiné. Ensuite le secrétaire retranscrivait le texte en graphie normale, sur papyrus ou parchemin. Dans le cas des premiers chrétiens, il ne pouvait s'agir du coûteux parchemin de cuir ; la feuille de papyrus, confectionnée en entrecroisant des tiges de roseau écrasées, était plus à leur portée.

L'auteur conservait généralement une copie des lettres qu'il envoyait, et il n'est pas du tout exclu que Paul, de son vivant, ait adressé à d'autres communautés une copie de ses lettres. On pourrait expliquer de cette manière les très anciennes variantes de texte, dues aux menues différences existant entre l'original et la copie.

Dicter une lettre exigeait de l'auteur un gros travail de mémorisation, même s'il s'appuyait sur des notes. Pline le Jeune, le grand épistolier romain (61-114), décrit sa technique : « Je compose de tête quand j'ai quelque chose sur le métier ; je compose comme si j'écrivais, choisissant les mots et corrigeant, un morceau plus ou moins long selon que le texte a été plus ou moins facile à élaborer et à retenir. J'appelle un secrétaire et ayant fait ouvrir ma fenêtre, je dicte ce que j'ai préparé… » (Lettres 9,36,2).

Si un message aussi bref que le billet à Philémon peut être dicté d'un seul jet, il n'en va pas de même des longues épîtres. Il faut donc penser que l'apôtre s'y est pris à plusieurs fois, dictant une séquence après l'autre, après avoir fixé au préalable une trame grossière de l'ensemble. Si Paul compose par blocs de trois ou quatre chapitres, l'intervalle entre deux blocs peut avoir été long. À partir de là, on comprend mieux pourquoi les transitions dans l'argumentation de Paul sont parfois abruptes. Selon l'exégète de Hambourg Jürgen Becker, ce phénomène de pause expliquerait une difficulté classique de l'épître aux Romains : le passage brutal entre les chapitres 12 et 13, marquant la césure entre la partie dogmatique et l'exhortation morale. Paul serait, pour ainsi dire, pris en flagrant délit de pause !

Paul écrivait-il seul ?

Donc, Paul dictait. Mais fut-il seul à composer ? La question est épineuse, car le rôle des secrétaires dans l'Antiquité – j'ai parlé de Tertius – pouvait aller jusqu'à la composition. On connaît même une demande faite par Cicéron à son ami Atticus d'écrire en son nom (*Ad Atticum* 11,5). Dans le cas de Paul, la question se corse : à l'exception de Romains, les sept lettres attribuées sans réserve à l'apôtre ne sont pas placées sous son seul nom ; à côté de lui figurent les noms de Sylvain, Timothée, Sosthène ou « tous les frères qui sont avec moi » (Galates 1,1). Quel rôle ont-ils joué ? Sont-ils nommés pour la garniture ou furent-ils de véritables co-auteurs ? Les noms de très proches collaborateurs de l'apôtre (Aquilas et Priscille, Tite) ne figurent pas ; il n'est donc pas mentionné n'importe qui. Paul cite-t-il ceux qui l'entourent sur le moment ou nomme-t-il les personnes qui, avec lui, ont pensé le message ? Pour compliquer le problème, il faut aussi relever que dans toutes les lettres à destinateurs multiples, le « je » de Paul s'étale, parfois longuement.

Que conclure ? Nous n'avons aucune raison de penser que Paul se dote gratuitement d'acolytes, en ce lieu capital qu'est l'en-tête d'une lettre adressée à une Église. L'apôtre des Gentils ne fut pas cet individualiste qu'a statufié la tradition, héraut esseulé de la Parole, pourfendeur solitaire de l'hérésie... Son activité fut au contraire celle d'un animateur de réseaux missionnaires. Il n'est qu'à lire la foule de noms qui compose le chapitre 16 de l'épître aux Romains pour prendre la mesure de la collectivité dont Paul se sait redevable. Il fut le chef, incontestablement. Il fut la figure de proue, le maître à penser. Mais seul, il ne fut pas.

La surprise n'est pas que des communautés fragilisées par leurs désaccords aient eu recours à l'apôtre-fondateur pour y voir clair. L'étonnant est que, lorsqu'il répond à la demande, l'apôtre ait entouré son nom d'autres noms. Il marquait ainsi, d'une part, que la parole à transmettre ne lui appartient pas en propre. Il reconnaissait d'autre part que sa réflexion a été accompagnée par d'autres, discutée avec d'autres, élaborée grâce à eux. Jusqu'où est allé le débat avec ses co-auteurs, nous l'ignorons... même s'il y a de bonnes raisons de penser que la maîtrise théologique de l'homme de Tarse surplombait son entourage. Une évolution est cependant perceptible entre la plus ancienne lettre (1 Th), très marquée par le « nous » des co-auteurs, et l'épître aux Romains signée du seul nom de Paul.

Le facteur Phoebé...

Comment s'expédiait le courrier ? L'empereur Auguste (mort en 14 de notre ère) a été le premier en Occident à instituer un service postal régulier, avec chars et relais. Mais la poste impériale ne transportait que le courrier officiel. Les premiers chrétiens devaient plutôt compter sur les coreligionnaires de passage pour acheminer leurs lettres. Phoebé, mentionnée en Romains 16,1, pourrait bien avoir apporté dans la capitale impériale la missive de l'apôtre.

À réception, il faut imaginer la communauté assemblée. Écoutant le texte lu par un membre influent. Réagissant, demandant la discussion. Protestant ou approuvant. Le « facteur », s'il était un proche de Paul, était alors réquisitionné pour faire le commentaire ou expliquer les passages obscurs. Au vu de la densité du style paulinien, on peut penser que le texte était accessible aux plus doués intellectuellement, qui en retraduisaient le contenu au reste de l'assemblée. C'est ainsi que circulait le courrier religieux entre les synagogues de la diaspora.

Une parole adressée

Que révèle le primat de la lettre chez les premiers chrétiens ? Il témoigne d'abord que la Nouvelle chrétienne fut d'emblée une parole adressée, interpellant les personnes dans le concret et la singularité de leur existence. Tout le contraire d'une sagesse intemporelle. Elle témoigne ensuite que cette parole ne fut pas ésotérique, réservée à l'initiation d'une grappe d'élus, mais rédigée en grec, la langue de tous. Tout le contraire d'un arcane.

Elle témoigne ensuite que l'Évangile s'est présenté dès l'origine comme une vérité en débat, digne de discussion et apte à l'argumentation. Tout le contraire d'un dogme transmis par imposition.

Enfin, la succession des lettres pauliniennes est révélatrice de la genèse de sa pensée. Nous ne trouvons pas, à l'origine, une dogmatique paulinienne prête à l'emploi. La pensée de l'apôtre se construit progressivement, au gré des défis que lui pose la confrontation au judaïsme et au monde religieux gréco-latin. D'une lettre à l'autre, une évolution se fait sentir.

Avec Paul, nous apprenons que la vérité chrétienne ne peut être, ne doit pas être un ressassement de formules figées ; elle est construction d'une identité enracinée dans les événements fondateurs de Vendredi saint et de Pâques. La pensée épistolaire de Paul nous lègue une théologie construite en dialogue avec la culture de son temps.

Le quatrième évangile, chef-d'œuvre d'une école

Jean Zumstein*

La tradition considère Jean l'apôtre, fils de Zébédée et membre du cercle des Douze, comme l'auteur du quatrième évangile et de trois épîtres dans lequel il relate la vie historique et l'enseignement du Christ. La recherche moderne conduit à penser que l'évangile de Jean n'est ni l'œuvre d'un seul, ni un simple témoignage oculaire des événements rapportés, mais plutôt l'œuvre d'une école théologique qui transmet et interprète la tradition.

Dans la mémoire de l'Église, les quatre évangiles sont l'œuvre de témoins exceptionnels : les apôtres Matthieu et Jean, Marc, le secrétaire de Pierre, et Luc, le compagnon de voyage de Paul. Membres du cercle des Douze ou collaborateurs intimes des plus grands personnages du christianisme naissant, les évangélistes sont assimilés à des auteurs inspirés, témoins oculaires des événements qu'ils rapportent – ou du moins proches d'eux. Or la recherche moderne a conduit à

* Professeur à l'université de Zurich, Suisse.

revoir ce jugement et à le nuancer. Certes chaque évangile est bien, pour l'essentiel, l'œuvre d'une figure individuelle. Cependant, les évangélistes ne sont ni des témoins oculaires, ni des auteurs de fiction. Héritiers d'une tradition longue et riche qui leur fournit la matière de leurs évangiles, ils ne se bornent pourtant pas à fixer par écrit le trésor traditionnel dont ils sont les dépositaires, mais ils s'en font les interprètes. En outre, ils ne travaillent pas dans la solitude. Ils appartiennent à des communautés chrétiennes déjà constituées et ils sont en lien avec le travail théologique effectué dans différents cercles du christianisme primitif. En prenant l'exemple de l'évangile selon Jean, nous aimerions montrer comment les évangélistes ont été à la fois des porteurs et des exégètes de la tradition, comment ils ont été partie prenante d'une réflexion collective en plein essor.

Écrits attribués à Jean

Quatre écrits sont attribués à Jean dans le Nouveau Testament : le quatrième évangile (Jn) et les trois épîtres de Jean (1 Jn, 2 Jn, 3 Jn). Les titres désignant Jean, fils de Zébédée, comme auteur de ces quatre écrits sont secondaires. Ils datent du IIe siècle alors que l'évangile a été composé à la fin du Ier siècle et que les trois lettres ont été rédigées au tournant des deux premiers siècles. Si, en revanche, on s'intéresse au contenu de ces quatre œuvres et si l'on recherche quelles indications elles donnent sur leur auteur présumé, on se heurte à un état de fait fort intéressant. Le quatrième évangile a, selon son épilogue, été écrit par le « disciple bien-aimé » (Jn 21,24a). Cette attribution est assortie du commentaire suivant : « Et nous savons que son témoignage est véridique » (Jn 21,24b). D'après ce verset, le quatrième évangile a donc été édité par un cercle de personnes qui reconnaissait dans le disciple bien-aimé l'inspirateur essentiel de cette œuvre. De façon indirecte s'annonce ici l'existence d'une école théologique voyant dans le disciple bien-aimé son fondateur et son chef, mais dont les membres ont été ensuite partie prenante dans la naissance de la littérature johannique. Cette perspective est confirmée par les trois lettres, placées sous le nom de Jean. Alors que la première ne nomme pas son auteur, mais que ce dernier apparaît tout au long de l'épître tantôt sous la forme d'un « nous », tantôt sous celle d'un « je », la deuxième et la troisième ont été rédigées par l'« Ancien » (2 Jn 1 ; 3 Jn 1).

La littérature johannique atteste ainsi l'existence de trois instances auctoriales : le disciple bien-aimé, l'Ancien et un cercle travaillant à l'édition de l'évangile et à la défense de la pensée johannique (1 Jn). Rien ne permet de voir dans ces trois instances une seule et même personne, car le texte ne donne aucune indication autorisant pareille assimilation. L'existence de plusieurs auteurs, s'inscrivant dans la même tradition et s'exprimant dans la même langue, nous renvoie à l'existence d'une école – comme on en connaissait de nombreuses dans le judaïsme et dans l'Antiquité gréco-romaine.

L'écrit le plus ancien est l'évangile. Il n'a pas été composé d'un seul tenant. Il est l'œuvre d'un long processus comportant plusieurs phases. Dans une première phase, l'école johannique, placée sous l'égide du disciple bien-aimé, a été l'espace où ont été rassemblées de nombreuses traditions. Des traditions sur le Jésus terrestre qui seront ensuite mises en valeur dans l'évangile. Au nombre de celles-ci, on compte des récits de miracle, de nombreuses paroles de Jésus et un récit de la Passion. À ces traditions axées sur la vie et le message de Jésus s'ajoutent des traditions qui célèbrent le Christ sous forme d'hymnes, de confessions de foi, d'exhortations morales, d'argumentations doctrinales, dont on retrouve les traces notamment dans la première épître de Jean.

Si le disciple bien-aimé est la personne qui est à l'origine de l'école et de la tradition johannique, si c'est lui qui a conféré à ce mouvement son accent spécifique et son orientation théologique, c'est pourtant une personne distincte de lui, mais se réclamant de son autorité, l'évangéliste, qui, dans les dernières années du Ier siècle, a donné forme littéraire à l'évangile que nous connaissons aujourd'hui. Toutefois, s'il a conçu l'essentiel de l'œuvre, des membres de l'école ont à leur tour révisé et complété son travail, puis édité l'évangile.

Le travail de l'école johannique ne s'arrête pourtant pas avec la publication de l'évangile. La première épître de Jean nous fait, en effet, découvrir des églises johanniques déchirées par une crise portant sur la façon d'interpréter la foi commune. Selon vraisemblance, l'évangile a été, lui aussi, emporté dans cette tourmente et le but de la première épître de Jean est de montrer comment le message de l'évangile doit être droitement compris et interprété. En ce sens, 1 Jean est le guide de lecture, rédigé par l'école johannique à l'intention des communautés dont elle prend soin, pour les amener à une juste lecture de l'évangile. La deuxième et la troisième épître de Jean sont écrites dans la même ambiance de crise : la deuxième s'efforce de défendre une communauté voisine contre l'influence perverse de mauvais interprètes de la tradition johannique, alors que la troisième essaie de restaurer dans une autre communauté l'influence de l'école johannique qui est en train de s'affaiblir.

Le travail de l'école johannique est donc une entreprise de longue haleine. Il traverse le Ier siècle. Il montre comment une tradition, initiée par le disciple bien-aimé, prend progressivement corps dans un évangile et comment cet évangile, à son tour, déclenche un conflit d'interprétation dans lequel l'école johannique doit mettre bon ordre, en fournissant un commentaire approprié (1 Jn) et en poursuivant un urgent travail pastoral (2 et 3 Jn).

L'évangéliste, interprète de la tradition

L'évangéliste n'est pas seulement le conservateur de la tradition et l'artisan de sa mise par écrit, il en est également l'interprète qualifié et cohérent. Quatre exemples, parmi d'autres, le montrent.

Les noces de Cana (Jn 2,1-11) illustrent ce rôle de traditeur et d'interprète. À ce récit déjà connu (Jn 2,1-10), l'évangéliste ajoute le commentaire du verset 11. Il indique ainsi comment il convient de comprendre le miracle raconté : comme un signe révélant la gloire divine et appelant à la foi. L'activité d'interprète de l'évangéliste prend une forme encore plus élaborée dans d'autres récits de miracles. Après la guérison du paralytique à la piscine de Bethzatha (Jn 5), le miracle des pains (Jn 6), ou celui de l'aveugle de naissance (Jn 9), il insère de longs discours décryptant et déployant le sens du miracle advenu.

Ces longs discours, justement, sont l'expression privilégiée de la théologie de l'évangéliste. S'appuyant sur de très anciennes collections de paroles de Jésus, il tisse et structure ces matériaux pour en faire de longs développements consacrés à la signification de la révélation advenue en Jésus.

Le récit de la Passion est un autre exemple de cet impressionnant labeur théologique. Le lecteur attentif ne manque pas de constater que l'ordre des péripéties est le même que celui adopté dans l'évangile de Marc. La matière et la structuration des épisodes sont donc très anciens. En revanche, l'évangéliste met ce cycle narratif en perspective afin que le lecteur découvre dans le drame du Golgotha l'heure de l'élévation et de la victoire du Fils.

Le prologue, enfin, qui ouvre l'évangile (Jn 1,1-18), est un morceau de choix. L'évangéliste a annoté cette hymne chantée dans les églises johanniques afin d'en faire le prologue de son œuvre, dévoilant grâce à lui, de façon programmatique, le sens profond de l'histoire qu'il va raconter : le destin de Jésus de Nazareth est à comprendre comme l'histoire de l'incarnation de la Parole divine.

L'école johannique, interprète de l'évangéliste

Aussi féconde et si impressionnante soit-elle, l'œuvre de l'évangéliste ne va pas être sacralisée par l'école johannique. Cette dernière va au contraire travailler à son extension et à son actualisation, dont voici deux exemples.

La conclusion initiale de l'évangile est donnée en Jn 20, 30-31. Ces deux versets disent de façon concise le sens et la portée de l'évangile : il s'agit d'appeler les lecteurs à la foi et, par là même, de leur faire découvrir la vie authentique. Pourtant, un épilogue (le chap. 21) a été ajouté. En soulignant l'importance de Pierre et du disciple bien-aimé pour l'Église, il veut faire découvrir la valeur inestimable de l'évangile, contenu dans les chap. 1 à 20. En éditant le quatrième évangile, l'école johannique travaille ainsi à lui ménager dans l'Église la place qu'il mérite.

L'une des grandes originalités du quatrième évangile réside enfin dans les discours d'adieux (chap. 14-16). Lors du dernier repas partagé avec les siens, le Christ explique à ses disciples pourquoi sa mort est un gain et comment il va être présent parmi les siens après son retour auprès de son Père. Ce premier discours d'adieux s'achève par l'injonction : « Levons-nous, partons d'ici » (Jn 14,31). La suite logique, répondant à cet ordre, se trouve en 18,1, verset qui évoque la marche vers le mont des Oliviers. Or entre 14,31 et 18,1 ont pris place le deuxième discours d'adieu (chap. 15 à 16) et la prière sacerdotale (chap. 17). Ces deux textes ont été introduits postérieurement. Ils poursuivent et approfondissent la problématique de la séparation abordée dans le premier discours d'adieux. L'école johannique opère ainsi un travail de relecture, en reprenant à nouveaux frais la réflexion engagée par l'évangéliste. Elle montre par là que la véritable fidélité consiste dans l'actualisation sans cesse reprise de la tradition reçue.

Le long processus d'écriture qui a donné naissance au quatrième évangile est donc l'œuvre d'une école, habitée par le souci de transmettre la tradition et de l'interpréter de façon exigeante et créatrice.

Bibliographie

J. Astruc, *Conjectures sur la Genèse*, introduction et notes de Pierre Gibert, éd. Noésis, 1999.

E. Auerbach, *Mimésis. La représentation de la réalité dans la littérature occidentale*, trad. de l'allemand par C. Heim, éd. Gallimard, 1968.

La Bible d'Alexandrie. Traduction en français annotée, sous la direction de M. Harl, G. Dorival et O. Munnich (14 volumes parus à ce jour), éd. du Cerf, Paris.

A. Bates Lord, *The Singer of Tales*, éd. Harvard University Press, Cambridge, Massachusetts, 1960-1971.

G. Dorival et al., *La Bible grecque des Septante. Du judaïsme hellénistique au christianisme ancien*, éd. du Cerf/CNRS, Paris, 1988.

J. Goody, *La raison graphique. La domestication de la pensée sauvage*, trad. de l'anglais par J. Bazin et A. Bensa, éd. de Minuit, 1979.

M. Harl, *La langue de Japhet. Quinze études sur la Septante et le grec des chétiens*, éd. du Cerf, Paris, 1992.

Lettre d'Aristée à Philocrate. Introduction, notes et traduction d'A. Pelletier, éd. du Cerf, Paris, 1962.

J. Mélèze Modrzejewski, « La Septante comme *nomos*. Comment la Torah est devenue une « loi civique » pour les Juifs d'Égypte », in *Annali di scienze religiose* 2, Milan, 1997, pp. 143-158.

J. Mélèze Modrzejewski, *Les Juifs d'Égypte de Ramsès II à Hadrien*, Quadrige - PUF, Paris, 1997.

J. Mélèze Modrzejewski, « Les Juifs dans le monde gréco-romain : racines et antécédents d'une pensée juive du christianisme », in *Les nouveaux cahiers* 113, Paris, 1993, pp. 5-13.

J. Murphy O'Connor, *Paul et l'art épistolaire*, éd. du Cerf, Paris, 1994.

Les Patriarches et l'histoire, sous la direction de G. Couturier, autour d'un article inédit du P. M.-J. Lagrange o. p., éd. Cerf et Fides, Paris et Montréal, 1998.

A. Paul, *Et l'homme créa la Bible. D'Hérodote à Flavius Josèphe*. éd. Bayard, Paris, 2000.

A. Paul, *La Bible avant la Bible. La grande révélation des manuscrits de la mer Morte*, Le Cerf, Paris, 2005.

A. de Pury *et al.*, *Israël construit son histoire. L'historiographie deutéronomiste à la lumière des recherches récentes*, éd. Labor et Fides, Genève, 1996.

Annexes

Annexe 1 : La Lettre d'Aristée à Philocrate

Dans une lettre adressée à son ami Philocrate, Aristée raconte ainsi l'origine de la traduction grecque de la Bible hébraïque : Démétrius de Phalère décide, à la demande du roi Ptolémée, de rassembler au Musée d'Alexandrie tous les livres du monde. Constatant que la bibliothèque ne possédait pas de copie des lois des Juifs, le roi adresse une lettre au grand prêtre Éléazar de Jérusalem pour qu'il envoie en Égypte six Anciens de chaque tribu, experts en lettres hébraïques et grecques, afin de faire une traduction. Arrivés à Alexandrie, les soixante-douze traducteurs (d'où le nom de *Septante*) qui avaient été conviés à un banquet sont installés sur la plage, dans une île, et, au terme de soixante-douze jours, rendent leur travail.

Ce récit légendaire, agrémenté de nombreux détails sur le Temple de Jérusalem, les vêtements du grand prêtre ou par exemple les questions du roi aux traducteurs, fut encore embelli au fil des siècles : selon Philon d'Alexandrie, les traducteurs seraient parvenus à une traduction unique « comme sous la dictée d'une invisible souffleur ». Un auteur anonyme du IIIe siècle, pour sa part, évoque soixante-douze petits appartements situés non loin du quartier du Phare et où les savants juifs étaient séparés les uns des autres, tandis que le témoignage d'Épiphane fait état de trente-six petites maisons dans lesquelles, enfermés à clé deux par deux de l'aube à la nuit, les traducteurs traduisirent l'ensemble des livres hébreux.

La Lettre d'Aristée, document fictif écrit entre les années –200 et +50, est bien sûr à prendre *cum grano salis* avec ses anachronismes et son fond de vérité. En réalité, l'œuvre de propagande du faussaire n'avait pas pour seule fonction de signifier aux Grecs la supériorité de la religion et de la Loi juives, mais de défendre la Septante alexandrine contre les attaques et les tentatives de révision des autres Juifs restés en Judée ou installés dans d'autres régions d'Égypte.

Annexe 2 : La Septante et les manuscrits de Qumrân

Pourquoi les manuscrits découverts à Qumrân à partir de 1947 ont-ils fait progressé de manière remarquable les recherches sur la Septante ? Comparés aux textes hébreux ou araméens, les fragments grecs trouvés dans le désert de Juda sont peu nombreux (ceux de la grotte 4 de Qumrân concernent le Pentateuque et le rouleau du Nahal Hever, les Douze Petits Prophètes).

Ce sont néanmoins des témoins précieux, puisqu'ils sont plus anciens que les grands manuscrits qui nous ont conservé la Septante. Ce fut surtout la découverte du rouleau de cuir du *Dodékapropheton* qui révolutionna notre compréhension de l'histoire de la Septante : D. Barthélemy montra qu'on avait là non pas une autre traduction, mais une révision juive, antérieure à Aquila et entreprise dans le judaïsme palestinien pour aligner le vieux grec sur l'hébreu ; il mettait fin ainsi à la thèse d'une multiplicité originelle des versions grecques et confirmait que la diffusion de la Septante n'avait pas été uniquement chrétienne. En outre, les très nombreux fragments hébreux découverts à Qumrân ne furent pas seulement un apport décisif pour l'étude du texte hébreu connu jusque alors par des manuscrits datant du Moyen Âge. En révélant la fluidité textuelle de la Bible hébraïque et en permettant des rapprochements avec l'original hébreu de la Septante, ces manuscrits modifièrent radicalement l'appréciation que l'on portait sur la version égyptienne : l'identité entre certains fragments hébreux de Qumrân et le texte de la Septante prouvait que les différences entre le grec et l'hébreu des Massorètes, les « plus » ou les « moins », ne pouvaient plus systématiquement être mises au compte de la liberté ou de l'incompétence du traducteur.

Le grec devenait dès lors un témoin fiable du texte biblique tel qu'il avait circulé sous des formes diverses, avant d'être corrigé et standardisé par les scribes. Parmi les autres documents non bibliques de Qumrân, certains écrits esséniens ou commentaires (*pesharim*) bibliques soulèvent parfois des problèmes qui font écho à ceux que pose la Septante, par exemple sur l'expression spécifique de la piété juive ou sur la tendance marquée à actualiser l'interprétation du texte sacré.

Annexe 3 : Le dialogue avec Tryphon

Je ne fais pas confiance à vos docteurs qui ne reconnaissent point exacte la traduction que les soixante-dix veillards firent auprès de Ptolémée roi d'Égypte, et essayent de faire eux-mêmes leur traduction. Il y a beaucoup d'Écritures qu'ils ont supprimées entièrement de la tradduction faite par les vieillards de Ptolémée ; elles montraient et proclamaient clairement que ce Jésus qui a été crucifié était Dieu et homme, qu'il fut mis sur la croix et mourut : il faut que vous le sachiez. Je sais que ceux de votre race les nient toutes ; c'est pourquoi je ne m'applique pas à les discuter et je m'en vais discturer celles que vous reconnaissez aussi. Car toutes celles que je vous ai apportées, vous les admettez ; sauf pour le passage : « Voici que le vierge (*parthenos*) concevra. « Vous prétendez au contraire qu'il est dit : « Voici que la jeune fille (*neanis*) concevra ».

Table des matières

III. Alexandrie, berceau de la Bible grecque

IV. Aux origines du Nouveau Testament

Annexes

Imprimé en Italie
Mise en pages : IND - 39100 Brevans
Achevé d'imprimer en janvier 2008
Dépôt légal : janvier 2008 – N° d'édition : 9120 - 02